中原名师
出版工程

编委会名单

好教师会讲课

三尺讲台有乾坤

司德平 主编

河南科学技术出版社
·郑州·

图书在版编目（CIP）数据

好教师会讲课 / 司德平主编 . —郑州：河南科学技术出版社，2020.8
（中原名师出版工程）
ISBN 978-7-5725-0067-1

Ⅰ.①好… Ⅱ.①司… Ⅲ.①课堂教学—教学研究—学前教育 ②课堂教学—教学研究—中小学 Ⅳ.① G612 ② G632.421

中国版本图书馆 CIP 数据核字（2020）第 126824 号

出版发行：河南科学技术出版社
地址：郑州市郑东新区祥盛街 27 号　邮编：450016
电话：（0371）65788613　65788139
网址：www.hnstp.cn
策划编辑：李喜婷
责任编辑：孙　珺　许　静
责任校对：耿宝文
封面设计：王莉娟
责任印制：张　巍
印　　刷：河南博雅彩印有限公司
经　　销：全国新华书店
开　　本：720 mm × 1 020 mm　1/16　印张：14.5　字数：215 千字
版　　次：2020 年 8 月第 1 版　2020 年 8 月第 1 次印刷
定　　价：49. 00 元

序言

河南省教育厅于 2008 年启动了省级名师与省级骨干教师培育工程，截至 2020 年，已培育认定了十一批省级名师、十二批省级骨干教师。2013 ~ 2019 年，河南省教育厅组织实施了中原名师培育工程，并依托河南师范大学建立了中原名师流动工作站，旨在培育百名豫派实践型教育名家，推进教育强省战略。为了落实《河南省新时代中小学教师梯队攀升体系建设方案》，河南省教育厅实施了 2020 ~ 2022 年中原名师培育工程，缩短中原名师的培育周期，增加中原名师的培育数量。为了展示、推广河南省中小学名师培育工程的优秀成果，河南省教育厅教师教育处组织编写了河南省名师培育工程系列丛书之一——《好教师会讲课》，记录三尺讲台展现的名师风采。

课堂教学不是简单的知识学习过程，而是师生共同成长的生命历程，是激情与智慧综合生成的过程。课堂教学要让学生的学习真正发生，使学习增值（动力值、方法值、数量值、意义值）。教师要脑中有纲（标准）、胸中有本（教材）、目中有人（学生）、心中有数（差异）。课堂教学评价要“三看”：看目标、看过程、看效果。“以学论教”的评价观，主张以学生的“学”评价教师的“教”。通常认为，一节好课要有准确与明晰的学习目标、真实与精彩的情景导入、交流与互动的教学过程、规范与美观的板书设计、个性与延伸的课堂小结、分层与探究的作业布置。但因校情、学情、学段、学科的不同，一节好课没有统一的标准，只能宏观描述。华东师范大学叶澜教授认为，一节好课有“五个实”：扎实，有意义的课；充实，有效率的课；丰实，有生成的课；平实，常态的课；真实，有待完善的课。西南大学查有梁教授认为，教学之道，道法自然，大道至简，炼精道显；教学之道，入深出浅，教学相长，贵在实践。也就是说，教学有法，教无定法，贵在得法；无法之法，乃为至法。教学有模，但无定模，贵在得模；无模之模，乃为至模。

本书的作者主体为中原名师，既有特级教师、正高级教师，更有“中原千人计划”教学名师、国家“万人计划”教学名师。内容从幼儿园到高中各个学段，从教学主张、教学设计、教学方式、教学评价、教学艺术五大方面，全面展现为贯彻教育方针、落实人才培养目标而开展的课堂教学创新成果。希望能对新时代青年教师的专业发展有所指导与帮助。

因编写时间所限，书中难免存在不足之处，敬请读者批评指正。

司德平

2020 年 8 月

目 录

第一章 教学主张——让课堂有灵魂

为多元发展而教，用创设环境导学 / 弯丽君 ………………………… 002
“核心素养”理念指导下的家乡文化课程开发实践与思考 / 李道玲 … 008
给学生“全营养”的语文教育 / 何风彩 ………………………………… 013
凸显语用体验，打造活力语文 / 刘娟娟 ……………………………… 017
质朴数学，从回归本真到关注本质 / 刘忠伟 ………………………… 021
滋养生命的数学，从“教学之术”走向“成人之美” / 董文华 … 025
本质数学
——引导学生学会数学化的思维与方法 / 孔冬青 ………………… 029
生物学教学要从生活中汲取营养 / 都娟 ……………………………… 033
基于生命自觉的教学主张 / 李明 ……………………………………… 037
从学科思想方法到物理教学主张 / 司德平 …………………………… 042

第二章 教学设计——让课堂有章法

“漫教育”倡导幼儿在体验中成长为最好的自己 / 石吟 …………… 048
把好教材的“脉”，找准切入的点
——兼谈单元主题拓展阅读指导课的实践研究 / 殷慧芳 ………… 053

多文本阅读教学设计，打通语文与生活的壁垒
——以《动静结合之妙》一课为例 / 李国胜 …… 058
“和谐五环”的课堂教学设计 / 李慧转 …… 062
全程思维，让阅读教学有章可循 / 周素娟 …… 067
基于高阶思维的教学设计 / 郑美玲 …… 070
课堂设计，让课堂更高效 / 丁桃红 …… 075
基于学科核心素养与疫情防控的初中物理作业设计 / 司德平 …… 078
基于学科本质的课堂教学设计探究 / 李海军 …… 081
“三段六块、立体交叉”课堂教学设计 / 臧传发 …… 085

第三章 教学方式——让课堂有活力
手指游戏让幼儿园课程更具游戏化魅力 / 李阿慧 …… 092
在探究阅读中激活创新能力 / 徐艳霞 …… 096
语文阅读教学要在“开放”上做文章 / 李桂荣 …… 101
让“画画”成为人生美的艺术
——核心素养下美术教学策略的思考与实践 / 刘晓惠 …… 106
绘本 + 数学：小学数学教与学的新方式 / 宋君 …… 110
用活动激发真实的学习 / 聂智 …… 114
3E 课堂，化“学”动力 / 李永强 …… 118
疑探教学：探求“钱学森之问” / 杨文普 …… 124
支架式五步教学法 / 刘向阳 …… 129
基于微课和慕课的翻转课堂探微 / 刘新选 …… 134

第四章 教学评价——让课堂更高效

核心素养背景下幼儿园户外体能课程开展的实践与思考 / 王向青… 140

让每个生命在语文百花园中绽放 / 谢瑞莉………………………… 146

自主评价:“学为中心”理念的落实 / 李付晓………………………… 150

“3W”分析表让学生思维可见 / 张凤仙 ……………………………… 155

历史课上来“鉴宝” / 王涛 ……………………………………………… 158

爱有度,严有理 / 马青香………………………………………………… 162

“思悟课堂”教学评价:以思论教 / 司德平……………………………… 165

课堂教学评价:源起·原则·建构 / 刘新选………………………………… 170

第五章 教学艺术——让课堂有智慧

“美唤”

——唤醒神奇的种子 / 李春霞…………………………………………… 176

创意主题教育,玩转开学第一课 / 陈静………………………………… 182

念好“四字诀”,让课堂提问更有效 / 王文霞………………………… 186

巧用教育机智,享受数学之美 / 刘冰…………………………………… 191

极简教学,课堂教学的文明生态 / 魏巍………………………………… 195

用爱心调制思政“五味”课堂 / 剧爱玲………………………………… 199

智慧课堂的艺术 / 冉明远………………………………………………… 202

恰用教学媒体,创生灵动课堂 / 程黎…………………………………… 206

线下线上互补,混合学习增效 / 刘新选………………………………… 210

“三维六元”卓越学本课堂教学评价 / 王海东………………………… 214

本书视频资源列表

视频名称	对应页码
董文华《两位数乘两位数的口算》教学视频	1
董文华《图形的旋转》教学视频	1
董文华《字母表示数》教学视频	1
殷慧芳《于细微处见精彩》教学视频	47
李国胜《可爱的草塘》教学视频	47
李慧转《平行四边形的面积》教学视频	47
李桂荣《黄山奇石》教学视频	91
刘晓惠《洗澡》教学视频	91
宋君《比例的性质》教学视频	91
宋君《两位数乘法（练习课）》教学视频	91
宋君《因数与倍数（练习课）》教学视频	91
谢瑞莉《雾在哪里》教学视频	139
张凤仙《掷一掷》教学视频	139
陈静《中国美食》教学视频	175
王文霞《我是什么》第 1 课时教学视频	175
王文霞《我是什么》第 2 课时教学视频	175
刘冰《长方形和正方形的认识》教学视频	175

第一章

教学主张

——让课堂有灵魂

董文华《两位数乘两位数的口算》教学视频

董文华《图形的旋转》教学视频

董文华《字母表示数》教学视频

弯丽君　漯河市市直幼儿园副园长

中小学正高级教师，“中原千人计划”领军人才，中原名师，河南省教育系统先进工作者，河南省教师教育专家，河南省教育厅优秀教育管理人才，河南省教育厅学术技术带头人，河南省文明教师。

为多元发展而教，用创设环境导学

一、教学主张的提出

从教近30年来，我长期工作在教学的第一线，瞄准培养体、智、德、美、劳全面发展的高素质幼儿，把为他们将来走向成人、成才、成功之路奠定基础这个总目标作为主线，贯穿于自己幼教工作的全过程。几十年如一日，致力于幼儿教育的学科建设，紧跟学科前沿开展幼教专业研究。由于幼儿学段的特殊性，幼儿园五大领域的学科特点相对而言比较枯燥和抽象，而幼儿的年龄和心理、生理特点，使他们喜欢游戏、运动和探究新事物，这给幼儿教师带来新的挑战，怎样让幼儿轻松愉快地接受教学知识，促进幼儿智力开发和诸多技能的发展，是教师应具备的教育教学技能。为此，我在所担任的语言、社会、美工学科等方面，依据幼儿的年龄特点、心理特点及学习特点，认真探索教育教学的规律与方法，找准适合幼儿学习的形式，精心设计教学案例，以达到预期的教育教学目的。如幼儿喜欢的故事教学，我通过让孩子听故事、看图片、复述故事等达到熟悉故事内容、达到认知的目的；还有儿歌欣赏教学，我也根据教材的内容，认真编写教案、精心设计教学过程，准备丰富的教具，而授课后有的达不到自己更满意、更理想的教育教学的效果，幼儿的积极性、主体性还没有更充分地展现出来。于是，我开始反思自己的教育理念、教育行为、教育方法、教育手段等，梳理是哪一个环节出现了漏洞。在这个梳理反思的过程中，我采取不同的教学手段：同一个教学内容活动，我到不同的班级上课；同一个教学内容活动，我采用不同的教育手段重新上（多媒体课件的应用）；同一个教学内容活动，我采用不同的教学形式上课（集体、小组、个别等），通过形式多样、内容丰富的实践、验证，我回过头重新审视自己的教育教学方法，进行深入的思考、分析、总结，形成正确的、前瞻性的教育思想，发现教育教学能力的提升是在一次一次的磨课中增进的，寻找适合孩子的教育内容和教学方法，做到精益求精，精雕细琢，教师要充分了解孩子、读懂孩子，了解孩子的年龄特点、成长规律、学习规律、学习兴趣等，组织适宜的教学活动，促进幼儿身心全面和谐发展，它包括幼儿身体的、认知的、语言的、情感的、社会性，特别是智力、技能的开发等多方面的发展。这样，在教育中反思，在反思中改进，在改进中进步。不断地上课、磨课、评课，不断地反思、跟进、实践、总结、提高，最终在探究中发现设计组织的教学活动，形式要新，趣味性要强，内容短而精，生动而富有感染力，幼儿才会喜欢；反之，幼儿兴趣不高，教学效果不明显。所以，我设计组织的教学活动，重儿童立场和主体性；重创造性和多元智能的发展；重有重要的教育价值且有童趣的环境创设的课程游戏化；重目标生成和导学。让幼儿在“乐”中学，在学中“乐”。让幼儿在游戏中感知、认知，获得新知识，促进幼儿身心和谐发展，为幼儿终身的学习奠定良好的基础。通过多次反思、斟酌、提炼、实践，我把自己的教学主张提炼为：**为多元发展而教，用创设环境导学。**

二、教学主张的构建

“幼儿教育之父”**福禄贝尔指出，游戏是儿童的生命，是儿童时期的重要活动，是儿童发展的最高层次，是儿童的想法以及感情最自然的表达。**儿童都是从游戏、手工、劳动等方面开始认识、感受、了解世界，并逐渐适应这个世界的。在游戏中，儿童认识花草树木、山川河流，接近自然，健康成长。游戏中的一切，甚至可以决定儿童今后对于人生的看法和认识。所以童年的一切融于游戏之中，游戏中的一切教育因素都影响着儿童的身心健康发展。

德国著名教育家第斯多惠指出，激发学生的兴趣，活跃课堂教学气氛。教师要用熟练的技巧活跃课堂教学，引起学生浓厚的学习兴趣，因为兴趣会使学生自然而然地对真、善、美产生乐趣，并会使他们心甘情愿地追求真、善、美。

德国心理学家赫尔巴特认为，教育必须通过兴趣的培养来实现，以达到道德教育的最高目标。因为兴趣是决定一个人实现他自己的各种决定的根本因素，同时也是他能坚持下去的重要因素。因此，赫尔巴特把激发兴趣作为教学中的一种必要的手段，不断地激发学生的兴趣，从而开展教学工作。

教育家约翰·杜威提倡“从做中学”，也就是“从活动中学”“从经验中学”，要使学习者与环境保持者有密切的互动关系，创设的区域环境要真正有利于幼儿操作、思考与探索。教师要牢记自己不仅仅是导演，还是材料提供者、引导者、鼓励者，并能积极地促成幼儿的主体地位，获得经验的改造和提升。

陶行知在一系列的文章中，论述了幼儿教育的地位和作用，看到了幼稚教育的重要性和必要性，并且特别强调“教人要从小教起”。他认为除了玩科学的把戏之外，还要让小孩子做科学的实验，并且指出科学实验要在做上学、做上教，因此，要充分调动儿童各种感官，手脑并用，以大自然、大社会为科学园去观察、去思考、去体验，从而探获科学真知。

陈鹤琴“活教育”的教学论是“做中教、做中学、做中求进步”。陈鹤琴认为直接经验是学前儿童进步和成长的最大动力，“做”是学前儿童学习的基础，是幼儿园里的一切活动，故凡是儿童们自己能够做的，我们就应当在教师的正确引导下，让他们自己做；凡是儿童们能够自己想的，我们就应该让他们自己想；在“爱”的空气中引导幼儿自觉遵守规则，陶冶幼儿良好的品格。

《幼儿园工作规程》指出：要“以游戏为基本活动，寓教育于各项活动之中”。《幼儿园教育指导纲要（试行）》提出：“尊重幼儿身心发展的规律和学习特点，以游戏为基本活动，保教并重，关注个别差异，促进每个幼儿富有个性的发展。”《3—6 岁儿童学习与发展指南》中强调：“幼儿的学习是以直接经验为基础，在游戏和日常生活中进行的。要珍视游戏和生活的独特价值，创设丰富的教育环境，合理安排一日生活，最大限度地支持和满足幼儿通过直接感知、实际操作和亲身体验获取经验的需要。教师要实现教育目标，就需要融游戏于教育中，将幼儿园课程游戏化、趣味化，充分调动他们的积极性与主动性，乐于参与其中，进而促进儿童德、智、体、美、劳的全面发展，实现培养高素质幼儿的总目标。”

以上这些教育思想阐述以游戏为基本活动，注重幼儿的兴趣培养，在做中学，做中玩，这彰显出教师必须组织趣味的、内容丰富的、形式多样的游戏，开发幼儿智力，提高技能，达成教育目标的实现，促进幼儿愉快、健康成长。为此，**我将教学特征归结为：游戏驱动、目标生成、 环境支持、过程童趣、方法导学、多元发展。**有了这样的提炼与总结，我试着向教育更深处探索。

三、教学主张的实践

教学主张是教师专业成长的动力因素，是彰显教师教育理念、教育志向和教育思想的一面旗帜，也是优秀教师教学风格的核心内涵。而教师先进的教育理念、鲜明的教学风格、先进的成功的教学经验，是先进教学主张的具体体现和展示。

（一）巧设趣味活动，促幼儿多元发展

根据班上孩子的心智水平、年龄特点、学习特点等，自己精心设计园本课程排图讲述。如：排图讲述活动。给孩子们提供了四幅不按顺序排列的图片，内容分别是（依次出示图片）“小白兔被凶狠的大灰狼追赶”“两只大象鼻子连在一起让小兔跳绳”“坐在乌龟壳上过河”“在自己的家门口跳舞”。这四幅图片让幼儿按照自己的理解和想象，任意排列并创造性地讲述，然后为故事起名字。**通过“排”“讲”“编”发展孩子的观察、理解、想象、推理、判断及语言表达能力。**在活动中，**坚持“以教师为主导，幼儿为主体”的原则，注重幼儿学习知识的“过程化、经验化及主动性建构”，**通过孩子在教师的正确指导下的自主学习、合作学习、探究学习来解决问题。做到**讲得“少”一点、引得“巧”一点，让孩子学得“精”一点、“活”一点、“多”一点，领悟得“深”一点、“透”一点、“明”一点。**

步骤一：观察分析，理解各自桌上的图片内容。先进行小组观察、讨论交流，

讨论后，每组派一名代表给大家讲一讲本组图片的内容。这个环节，充分发挥幼儿的主动性、积极性，激发幼儿的学习兴趣，挖掘幼儿的潜能，开发幼儿智力，让每一个幼儿都置身于活动之中，身临其境，迫切地表达自己的想法、做法，从而让幼儿感知、认知。

步骤二：讨论交流，自主排图，进行讲述。每位幼儿一套图片，引导他们观察与思考图片内容并讲述，这是幼儿自我建构知识的过程。这一部分是本课的重点，要引导孩子明确：图片排列的精妙之处就在于它的顺序不是唯一的，不同的顺序有不同的情节发展，意味着一个不同的故事，看看有几种排法。教师引导孩子根据自己的图片内容进行排序，使幼儿在最近发展区内“跳一跳、够得着”，充分体现老师是活动的“支持者、合作者、引导者”的角色作用。

最后环节：让孩子给这个故事起名字，充分发挥孩子的自主探究能力，孩子们根据自己对故事的理解起了不同的名字：《聪明的小兔》《小白兔历险记》《幸运的小兔》《小白兔美妙的一天》《小兔子的冒险之旅》《小兔子奇遇记》《小兔惊险的一天》等10多个不同的故事名字，体现幼儿自主学习的理解与感悟，获得了不同的认知，也获得了成功感。当每个幼儿得到表扬时，脸上都会绽放出幸福欢乐的笑容。

本课内容丰富、生动、活泼、有趣，形式多样、新颖，跌宕起伏，让孩子根据图片的内容，发挥自己的想象，理解图片内容，感知内容，大胆创编，**告诉孩子做事情前要考虑好后果，遇到问题要积极想办法，积极脱险，并注意安全的道理，使孩子增长了知识和智慧，促进了幼儿多元发展。**

（二）情境激趣，增强教学效果

情境教学是幼儿非常喜欢的一种教学方法，通过视、听、看等直观形式，活跃课堂气氛，使幼儿受到感染，把感受运用到绘画活动中去。如：在幼儿认识秋天的特征后，让幼儿画命题画《秋天》，用多媒体课件放《秋天》的画面，画面的内容是果园，并演示小猪、小蚂蚁、小刺猬、熊猫、大白鹅等小动物做表演，小动物们看到硕果累累的果园后的对话，让幼儿边看、边想，耳朵、眼睛等多种感官都参与到活动中去；然后又在轻音乐《秋天》的伴奏下，幼儿开始绘画。在优美幽静的音乐中，幼儿犹如身临其境，绘画内容十分丰富。其中王卓小朋友的画面上，出现了这些热闹场面：小猪拿着手帕边擦汗边扛着果子运果子；小刺猬全身扎着果子运果子；两只小蚂蚁用扁担抬果子；大白鹅的长脖子上系着一根线，后面拉着小车运果子；还有熊猫推着小车运果子。我看后，用肯定、鼓励、启发的语言说："画得好，天空中再画些内容，会更好！"有位小朋友在思考后，画出小鸟用嘴衔着篮子运果子，小动物开着汽车运果子，还有树上的小猴、松鼠摘果子等，一幅内容丰富的画便作好了。这幅画在漯河市幼儿园绘画比赛中荣获金奖。

总之，教学有法，教无定法，贵在得法。良好的教学方法，教师可以发挥教学智慧，达到预期的教学效果。教师要创设适宜的环境，运用多种教学手段，紧密结合，恰当运用，趣味性强，教学效果佳，这样才能激发幼儿的积极性、主动性、创造性，促进幼儿的多元发展。

李道玲　南阳市桐柏县幼儿园

中小学高级教师，中原名师，河南省教师教育专家，河南省名师，河南省骨干教师，南阳市优秀教师，南阳市优秀班主任，南阳市幼儿教育先进工作者，南阳市师德标兵。

“核心素养”理念指导下的家乡文化课程开发实践与思考

核心素养作为教育的热词，被大家频繁讨论。什么是核心素养？为什么要开展核心素养教育？如何来培养？作为幼儿教师，在开展核心素养教育前，我们要做哪些准备？为了理清脉络，对核心素养有更为清晰明了的认识，让我们带着问题做一下探讨。

核心素养是适应个人终身发展和社会发展需要的必备品格和关键能力，学前教育阶段是人生的奠基阶段，学前教育作为基础教育的一部分，幼儿“核心素养”启蒙培养尤为重要，也需要从核心素养的角度来研究和实施。依据《3—6岁儿童学习与发展指南》，我们在幼儿园进行了幼儿核心素养教育的实践探索。

近两年我们以“核心素养”理念为指导，进行了课题“基于桐柏文化的幼儿园课程资源开发”的研究，以儿童真实的兴趣和需要为起点，以“核心素养”理念为指导，以开发和实施课程为抓手，带动和促进了幼儿园本土文化课程不断走向灵活、丰富及多元化。引发了包括环境创设、课程研习、亲子活动、社会实践活动、区域活动、传统文化进校园活动等一系列活动从理念到形式的变化，使课程回归儿童本位，促进了幼儿核心素养的形成。

为此，我们关注幼儿积极、主动、合作、交往情感等品质教育和观察实践、探索等关键能力的提升，开展家乡文化课，下面以“桐柏文化”课程的组织实施为例进行说明。

一、民俗文化萌发幼儿爱家乡的情感

“桐柏文化”课程重点是增进幼儿的社会认知，激发社会情感，习得良好的品质。因此，在课程实施中我们以感受体验、潜移默化地浸润幼儿心灵为主旨。

例如：大班社会活动“家乡的皮影戏”目标是初步了解皮影戏的制作材料和工艺，以及皮影戏独特的表演艺术特色。尝试参与表演皮影戏，感受传统民间文化的魅力，萌发幼儿热爱家乡的情感。

活动的主要环节：手影导入、幼儿欣赏、探索发现、幕后观察、亲自体验操作、身体动作表现。

活动围绕《幼儿园教育指导纲要（试行）》提出的五大领域教育目标和《3—6 岁儿童学习与发展指南》提出的学习与发展目标，结合幼儿发展需要及园所教育价值取向，借鉴了多元创意课程的主题设计框架，进行了全面改编和再造，获取了一些有益的经验。

（一）着眼生活中珍贵的艺术素材

传统文化“家乡的皮影戏”，与孩子生长的环境息息相关，是我们家乡最宝贵的艺术，蕴涵着家乡文化的精华，值得幼儿传承与发扬。

（二）与艺术大师互动体验更真实、更深刻

艺术大师本就是一道家乡文化的风景，邀请艺术大师走进幼儿园与孩子们互动、交流、共同表演、亲自体验，激发孩子学习的欲望，无疑是一件非常有意义的事情。

（三）辐射引领才能实现课程本身应有的价值

通过开放式活动向全县幼教同行展示：看到依据桐柏文化设计的课程，孩子们感到无比的自豪，感受到家乡文化的丰富与多彩。同时引领教师向课

程生活化、课程游戏化迈进，让教育回归生活，把游戏还给幼儿。

二、实践活动开启幼儿探索发现之旅

让教育回归真实的生活，让幼儿回归大自然，这是幼儿教育的新理念，也是我们努力追求的课程发展方向。大自然是一部真实、丰富的百科全书，蕴藏着巨大的教育财富，为幼儿获得对世界的感性认识提供了天然的场所。这对于擅长在生活中探究学习的幼儿来说，也是非常难得的学习和生活经历。

桐柏根雕是桐柏的一种特殊艺术文化，具有奇特古朴、抽象夸张的艺术特点。根雕大师们的作品曾在全国根雕竞赛活动中获金奖，他们正在着手为桐柏申报国家级根雕艺术之乡。我们桐柏的孩子生在根雕文化的故乡是一件幸事。我们通过实践活动**让幼儿了解根雕艺术，感受根雕艺术之美，知道根雕的创作特点是借型想象，根据树根奇特的造型想象出一种事物，然后再把它雕琢出来，这正符合幼儿的思维特点和创作特点，将根雕作为幼儿创作载体，促进了幼儿的发展。**

例如：我们课题组成员周国智老师组织的大班美术活动“有趣的根雕”，其目标是了解根雕的创作特点，感受根雕的艺术美，知道根雕制作的不易和珍贵，对根雕大师萌发敬佩之情，产生愿意学习的愿望。

通过欣赏、实物观察，引领孩子回归自然和淳朴，让幼儿尽情动手。在操作中感受乐趣，在探索中主动创造，在体验中尝试成功，在交流中获得经验。

三、家乡文化类活动，促进幼儿社会性发展

桐柏物华天宝，人杰地灵，为了让家乡文化走进幼儿的心灵，我们开展了一系列的活动。

如：“红歌嘹亮、激情飞扬”红歌比赛活动，“童年梦、中国梦”团体操比赛活动，“融家乡文化、展运动风采”幼儿运动会，“幼儿颂祖国、赞家乡”诵读比赛活动等。

在“融家乡文化、展运动风采”幼儿运动会中，将民俗与运动项目相结合，设计了“桐柏小英雄”“采茶”“抬花轿”“划旱船”等竞赛游戏，使幼儿掌握走、跑、跳、平衡等基本的运动技能和方法，发展幼儿身体的协调性和灵活性，增强幼儿的体质，提高幼儿团结协作的能力。

在“幼儿颂祖国、赞家乡”诵读比赛中，培养幼儿的语言表达能力，增强孩子的自信心。

我们每人都有自己的家乡，我们对家乡的感情就像对亲人的感情一样，“家乡美如画”的主题墙和区域活动设计过程中，孩子们和家长们共同参与环境创设，从而使孩子们认知了自己家乡的风土人情、特色特产、旅游景点等，也萌发了孩子们从小关心家乡，热爱家乡的情感。

四、区域游戏促进幼儿主动发展

心理学家艾里克森指出：**促进幼儿自主性和主动性的发展，是早期教育的基本任务。幼儿天生就具有好奇、冒险的本能，具有探索、探究的欲望，区域活动为幼儿营造了宽松、自由、和谐的环境氛围，激发了幼儿的学习兴趣。**因此，我们**开展了具有乡土气息丰富多彩的区域活动**。

例如：“桐柏茶庄”“家乡戏曲小舞台”“民间游戏”“民俗文化表演区”“皮影戏小舞台”“家乡乡土资源美术功能室”。

在区域表演游戏中，孩子们这样唱道：

美丽桐柏是我家

竹板一打啪啪响，桐柏美景我来讲：
景色秀美水帘洞，淮源河水清又长，
最高山峰太白顶，云雾缭绕似仙境，
桃花洞中藏古寺，黄岗红叶醉四方，
家乡美景数不尽，我们把她美名扬。

幼儿在游戏中自然而然地习得知识、技能和经验，幼儿的感知、记忆、注意、想象、思维、语言表达等能力获得发展，还有助于幼儿人际交往能力的培养、动手能力的提高、规则意识的形成。

五、教育实践是开启课程游戏化的钥匙

充分挖掘本土文化资源，将它们融入幼儿园的主题活动、区域活动和游戏活动中，形成层层有教育主题、班班有教育特色、处处有教育契机的园所氛围，使整个幼儿园成为一个立体的、多彩的、富有吸引力的环境，多层次、

多角度培育幼儿核心素养。我们从以下两个方面开启课程游戏。

（一）资源材料的开发利用是课程游戏化实施的关键

不同的材料能诱发幼儿开展不同的游戏。我们在材料的开发利用研究中遵循了以下原则：开放性、真实性、有效性、创新性原则，进一步触发了基于幼儿“核心素养”理念下园本课程的思考。

（二）观察、解读幼儿是对幼儿进行教育评价的基础

走进孩子的童心世界，细心观察记录，进行案例分析与反思，“做”幼儿评价。通过一步步学习观察和解读幼儿行为，为孩子们提供各类游戏的机会，真正满足幼儿游戏的需要。站在对3—6岁幼儿身心特点的理解、把握之上，通过对幼儿的评价提升教师观察效能，关注每个幼儿自身能力的纵向发展，关注对幼儿在活动过程中的评价，实现幼儿园以游戏为基本活动的目标，在游戏中的学习看得见。

我们在教学活动中，注重以幼儿为本，把活动还给儿童，多发挥幼儿的主动性。教师做幼儿的合作者、支持者、引导者。提问时注意运用启发式提问，多提开放式问题，少讲道理，多让孩子感受，让幼儿不断累积各类经验。“在游戏中育化，在生活中养成”，幼儿、教师、家长综合素养获得整体提升，真正实现了“让课程回归儿童本位，把孩子的世界还给孩子，把未来的世界交给孩子”。努力培养幼儿“全面发展的人”。静心倾听每一个鲜活个体的成长需求，近距离触摸主题实施发生在儿童身上的变化，理解儿童、支持儿童、欣赏儿童、成就儿童。

何风彩　濮阳市开德小学

中小学正高级教师，教育部“国培计划”授课专家，“中原千人计划”领军人才，中原名师，特级教师；倡导“全营养语文教育”，在全国第三届小学语文教师优质课大赛中以总分第一名的成绩获得一等奖，在河南省内外小学语文研讨活动中做示范教学和专题报告200余场。

给学生“全营养”的语文教育

语文是什么？有人这样回答：“语文，就是你这个人。”说实话，我喜欢这个答案。我始终相信，一个人的文字，一个人的谈吐，一个人灵魂的模样，甚至一个人日常的生活方式，都与语文素养有关。

我也曾无数次叩问自己的内心：我应该给学生什么样的语文？“道可道，非常道；名可名，非常名”，我不是在这里故弄玄虚，就像老子《道德经》说的“吾不知其名，强名曰道”。多少年来，我实在找不到一个词句可以概括出我心中理想语文教育的模样，如果非要我用最简短的语言去形容我心目中最好的语文，我只能这样说：让我们给学生“全营养”的语文教育。

一、营养全面

语文涵盖的方面太多了，听、说、读、写和字、词、句、段、篇。每天，在社会生活实践所提供的具体语用情境中，我们用语言文字和别人交流，将自己的语文知识技能与智力活动融合在一起，我们的思维品质、情感态度、价值追求，也都在其中得以自然体现，这个实践性、综合性非常强的生命活动，其过程彰显的常常是一个人的生命质量。我们语文教师就是要借助一篇篇课文的教学，借助一个个语文活动提供给学生全面的语文营养，让学生的生命获得提升和拓展，这是多么值得研究而又了不起的事情。

每每拿到一篇教材，在我眼中，教材课后的识字量不仅仅是简单的识字任务；一道道课后思考题，也不仅仅是学生考场上应付考试的重要知识点；每个单元的语文要素，也不仅仅是学生需要强化训练的语文技能指标，这一切融合在一起，决定着教室里的儿童未来会成长为什么样子。所以，我需要借助它们给学生全面而丰富的生命营养。

识字写字，是小学低年级语文教学的重要任务，而**汉字，是我们汉民族特有的史诗，是凝固的音乐，是飘逸的舞姿，是我们这个古老而又富有生命力的伟大民族精神气象的艺术写真**，我深深地爱着每一个汉字，通过这些汉字，我可以教给学生什么呢？低年级识字课《中国美食》（统编教材二年级上册），课后要求识记16个汉字，书写9个，在我眼里，这里的16和9，可不仅仅是需要完成的课堂识字教学“GDP指标”。**课堂上，我组织“挑选食材”活动让学生认识带草字头的汉字“菠、茄、蘑、菇”，通过看草字头的演变让学生感受中国人几千年的“百草”情结**。我还组织“学烹饪技术”活动让学生认识带四点底的生字“煎、煮、蒸”和带火字旁的“爆、炖、炸”，引导学生想象四点底多么像飘燃的火苗，同时联系生活中自己爱吃的美食，**通过观察比较字形，去感知汉字形声特点和中国美食文化的丰富，在这样的学习活动中，学生除了认识本课汉字，发现了汉字的构字规律，获得了愉悦美妙的识字体验，同时自主识字的愿望被激发出来了**。整个过程，学生都在用有趣的儿童语言表达着自己和汉字的亲近感，内心不断生发出热爱祖国汉字的感情，增强了足够的民族文化自信。就这样，我一直追求有生活气息、有文化内涵的语文教育，追求让每一节课给予学生成长所需要的生命营养素。

二、营养均衡

在生命科学里，人们讲究营养均衡。所以，食物的合理搭配就特别重要，且搭配要科学合理、比例适当，以满足不同生命阶段和体质的需要，比如荤素搭配、酸碱搭配、粗细搭配等。万物同理，语文教育也需要针对不同学段、不同教材、不同生活背景的学生设计不同的语文课程内容。

在小学低年级，我把识字写字、朗读积累、说话写话作为教学重点，到了中年级，为助力学生习作起步，我针对他们习作中言之无物的问题，自主研发“动作描写”“语言描写”“心理活动描写”等专项技能训练课程，让学生打牢习作基础。针对学生习作中出现的行文格式、标点使用不规范问题，我在二年级下学期安排了不少于8节课的课文抄写，抄写内容专门选择文中人物对话描写集中、行文格式多变、标点符号使用稍有难度的课文，且严格要求学生字体工整、格式规范，还要有一定的书写速度。这样，学生书写技能就达到了一定程度的半自动化状态，到小学中年级艰难的习作阶段，学生习作时文字格式正确、标点使用规范、卷面整洁清爽。

整个小学阶段，我坚持“课外”阅读“课内”做，**诵读课、欣赏课、展示课多种课型相结合让学生从大量阅读中汲取生命成长的力量。为使学生获得均衡营养，我坚持引领学生诵读中华经典**。我十分享受教室里的经典诵读声：“学而时习之，不亦说乎？”“士不可以不弘毅，任重而道远”，“君子敬而无失，与人恭而有礼，四海之内皆兄弟”……书声琅琅，中华经典，那是学生儿童时代所需要的精神母乳。

三、味道香甜

有人倡导语文教育应该摒弃烦琐，走向简单，其提法本意是好的，因为语文教育其综合性、实践性的特点决定了语文教育不能太复杂。但我总觉得这里的“简单”一词欠妥，因为，儿童教育世界里所有的事情，没有一件是简单的。语文教育，应该是“简约”而“不简单”。

我们的语文教育必须符合语文学习的规律，符合儿童的心理特点，应该有儿童喜欢的“香甜味道”。我在做教学设计时非常重视从儿童视角出发，用心去寻找和发现儿童的生活体验、儿童的情感思维、儿童的审美趣味。如教学二年级下册《揠苗助长》一课时，我指导学生朗读种田人“一边喘气一边说：‘今天可把我累坏了！力气总算没有白费，禾苗都长高了一大截’”。结合认识生字“喘”，我让学生表演人在劳累后喘着粗气的样子，小学生喜欢表演，且表演得惟妙惟肖，教室里一片“喘气声”。接下来让学生喘着气读种田人说的话，学生读得入情入境。我随即出示生字卡“喘”，让学生回忆生活中什么时候见到或者用到过这个字，学生说：“感冒咳嗽时妈妈让喝‘止喘消咳糖浆’”，“某次小区停电了电梯无法使用，爬二十几层的楼梯累得‘气喘吁吁’”等，生字“喘”在学生生活和知识系统里得到了积极的建构。整个过程，学生读得饶有兴味，说得饶有兴味，因为这样的语文学习有儿童喜欢的味道。

四、看得见的生长

近些年除了自己上课，我也经常参加各种各样的听评课活动。有时某节课给我这种感觉，教师个人素质很出色，教学设计很精致，学生素养很全面，教师每抛出一个问题和任务，学生上来就应对自如，学生又会朗读，又会赏析，又会表达，从上课一开始学生起点就很高，能配合着教师完美地完成一个个教学环节，课堂进行得顺风顺水，最终顺利达到目标。这样的课堂上，**我们看不到学生的迷茫、困顿，看不到学生爬坡的艰难，看也不到学生遭遇柳暗花明又一村的豁然开朗，更看不到学生经过奋力跋涉把困难抛在身后的愉悦和兴奋。**

我总想，有价值的语文教学，应该是下课铃声响起的时候，学生和刚上课进教室时已经不同，因为这节课让他们获得了更新和生长。所以，**课堂上抛给学生学习任务后，我喜欢先让学生自己试着奋力攀登，在最适当的时机再向提供他们给力的支架。**

统编教材二年级下册《要是你在野外迷了路》教学中，我让学生听范读时注意从文中提取重要信息，看课文写了大自然有哪些指南针，学生说有太阳、北极星、大树和沟渠里的积雪。我这样引导："祝贺你全说对了！但是说话是有讲究、有方法的。看，我们可以这样说"，接着我出示课件内容："课文介绍了（　）种指南针：有（　），有（　），有（　），还有（　）。"学生的回答明显就不一样了："课文介绍的指南针有四种，有太阳，有北极星，有大树，还有沟渠里的积雪。"我及时鼓励："看，这样就说得完整、条理到位了！我们还可以用这种方法，谁再来试试？"随机出示课件内容："课文共介绍了（　）（　）（　）和（　）这四种指南针。"这次，学生的表达就有了变化："课文介绍了太阳、北极星、大树和沟渠里的积雪这四种指南针。"我随即点拨："看，同样的意思，我可以用不同的句式表达。所以，以后大家说话的时候可以讲究讲究。"这样，学生从最初的粗略表达，到后来规范条理的表达，这个变化和提升，以及他们脸上写着的兴奋和快乐，就是我所体验到的语文教师的幸福。

给学生全营养的语文教育，让我的语文课堂营养全面、营养均衡、味道香甜，且能有看得见的学生成长，这就是我的语文教育追求。

刘娟娟　河南省南阳市油田实验小学

中小学高级教师，教育硕士，中原名师，河南省名师，河南省教师教育专家，河南省最具影响力教师，2018 年获“全国小语十佳青年名师”提名，出版专著《教你发现语言密码》。

凸显语用体验，打造活力语文

活力语文的教育，就是在语文学习的过程中陪伴孩子一起，发掘语文课程生命的活力，激活语言文字的活力，展现创造性表达的活力，从而让语文教学充满活力，充满着旺盛的生命力。

一、语用体验，为着“活力”而“活”

（一）活力语文之“活”的内涵

活力，字典中的解释是旺盛的生命力。**活力语文中的“活”，是“生活”，语文离不开生活，广阔的生活是学习语文的高天厚土；活力语文中的“活”，也是“活动”**，学生在活动中成长，丰富多彩的语文活动丰富着学生的体验和认知；**活力语文中的“活”，也是“活水”**，学生需要广泛阅读，引得语文学习的源头活水；**活力语文中的“活”，还是“灵活”**，语文学习的教与学都应该是灵动活泼的，这样才能在语文的学习中激活思维，让学生获得更好的发展。

（二）语用体验催“活”语文

“语用体验”是打造活力语文的有效路径，语用体验就是使用语言文字表情达意的经历与感悟。语用体验包括经历与感悟两部分。“经历”就是听、说、读、写；“感悟”就是在听说读写的过程中获得的感受与收获，收获对语言文字表情达意效果的感知，感受语言文字带来的情感影响。这两部分不可分割，相辅相成。学生在生活中进行“语用体验”，感受语文和生活的无限关联；在阅读的源头活水中进行“语用体验”，感悟书中世界的千姿百态；在活动中进行“语用体验”，并同时丰富发展语言；而灵活的、彰显“语用体验”的教学设计，也必将给学生“语用体验”带来更鲜活的学习体验。

总之，**活力语文要向“生”而“活”，因“生”而“活”**。生，学生，为了学生的全面发展、终身发展是活力语文的核心所在；生，生长、生活、生命，立足于生长、生活、生命之上，依托多角度、全方位的“语用体验”打造充满生命活力的语文，在语文课堂的阅读教学中、习作教学中以及阅读习惯的培养中落实“语用体验”，提升语文素养。

二、语用体验，向着“生长”而“活”

充满活力的语文课堂中，应该看到语言蓬勃地生长，看见思维蓬勃地生长。这种生长，需要突出语言文字运用和实践的“语用体验”来承载，需要教师为学生搭建语言和思维发展的脚手架，这种脚手架的搭建，有的将生长指向语文的深度，因挑战孩子们不曾有过的思考而使思维充满活力；有的将生长指向语文的广度，让我们在老师打开的这扇课堂之窗中看到更加辽阔壮美的世界；有的将生长指向语文的温度，让孩子们在课堂上心潮澎湃，获得全新的情感体验。下面的课例就从“推测愁因——愁的转化——愁文化影响”实现了语言和思维的共同生长。

例：我在上《枫桥夜泊》课时，根据诗中那萦绕飘荡着的愁绪，让学生根据对材料的分析，谈自己对“愁”的认识和理解，推测诗人可能是为国愁、为民愁、为当官愁、为落榜愁、为思乡愁、为寂寞愁，每一种见解都闪烁着思辨的才华。然后又谈到古今名人因愁都做过什么。李煜因亡国而愁写下了《虞美人》；朱耷因愁画下了呆滞的小鸟；余光中因乡愁而写出了名诗《乡愁》……最后，学生们还朗读了自己收集的许多写愁的诗句，一时间，课堂上被各种各样的愁绪所渲染。学生们从一节课的信息收集与交流中进行了丰富的“语用体验”。

三、语用体验，向着“生命”而“活”

生命需要滋养，而滋养生命的源头活水就是阅读。唯有阅读，才能让学生思接千载、视通万里，才能超越个体生命的单一而接通丰富与无限，让生命变得绵长而丰盈，为学生的未来奠基、幸福奠基。

充满活力的语文需要通过阅读而实现从“知一篇”到“知一类”，从“一点”到“一线”和“一面”，从而拓宽语文学习的深度和广度，把课堂的“小溪流”对接课外阅读的“大江大海”。在这种对接中，可以以“语用体验”为载体，让阅读更具方向性。

（一）群文阅读中的语用体验

群文阅读是在较短的时间内，针对一个议题进行的多文本阅读。“凸显语用体验”的群文阅读在进行议题选择的时候，可以进行人文方面的议题选择，也可以侧重于体裁、写作风格、表达方式、阅读方法等方面的议题。如说明文群文阅读，体会说明方法的好处就是其中一个有价值的议题。

（二）绘本阅读中的语用体验

在绘本阅读中，我们常常采用编读、猜读、演读等方式，针对绘本特点让学生根据图画展开联想和推测，让学生想象说话，进行情节推测和印证。也可以关注表达，比如，低段的绘本非常喜欢用反复，相似的情节反复地出现，同样的话语反复出现，比如《爷爷一定有办法》中，“爷爷一定有办法”这句话就多次出现，可以点拨学生，这句话体现了爷爷的智慧和乐观，让孩子感受阅读的乐趣。

（三）读书交流中的语用体验

尝试分级阅读，按照学生年龄特点，分为低、中、高三级推荐必读和选读书目，每月各班有计划地开展读书活动，每月最后一周阅读课进行读书交流会。交流会上分享阅读收获、进行好书推荐、评选阅读明星、组织好书漂流。

（四）经典诵读中的语用体验

经典诵读可以采取挂历的形式挂在班级前面，低年级可以选择《三字经》《笠翁对韵》等；中年级可以选择《成语接龙》《千字文》《增广贤文》等；高年级可以选择《论语》等。每节语文课的课前三分钟由小老师领读，中高年级还可以采用小老师释义的方法谈自己的理解，经典诵读重在“诵”，让读成为“写”或“用”的前期准备。比如，关于《夏洛的网》阅读指导例谈，指导学生在阅读的时候找到结巴的母鹅这样的“语言特色点”并迁移运用于习作中，在写作文时也运用一下这样的“特色点”，人物描写就多了一份生动。

四、语用体验，向着“生活”而“活”

生活语文化，生活是语文学习的情境，是语文的土地和家园，是语文学习的必经之路；语文生活化，语文的学习是为未来生活做准备的，将语文课堂学习到的知识与能力应用于生活，这是语文的终极目标。充满活力的语文所谓的“活”，对应的是“死”，即死记硬背、机械僵化，将语文与生活隔离开的语文是没有未来的。

以生活情境为出发点而设计的“语用体验”，沟通着文字与符号，也沟通着知识与思维。因为生活的情境是学生的思维生发处、知识形成处、能力成长处、情感涵养处，只有让学生的身体与自然、社会、他人和自我相互作用，真正的学习才会发生，感受力、理解力、创造力才会增强。我们来看下面的一个说话练习片段：

下雪了，我让孩子们描写一下他们眼中的雪世界，学生的表达局限在“大地铺上白地毯”这样的模式化语言，我让孩子们换个角度来表达他们对雪世界的喜爱，那就是让他们的眼睛从远望变为近观，把镜头聚焦在一片或几片雪花上。

师：我们现在不说雪景了，下课时，你和小雪花玩了吗？小雪花是怎么和你玩的呢？

生：小雪花落到我的鼻子上，她把我的鼻子当成了滑滑梯。

生：小雪花落在我的红棉袄上，给我的红棉袄印上了小白花。

生：小雪花落在我的头发上，给我戴上了满头的白卡子，亮晶晶的，特别漂亮。

生：我把伞倒过来，给小雪花一个圆圆的家，好多小雪花到这里来睡觉。

生：我仰着脸，张大嘴巴，伸出舌头想舔他，小雪花不喜欢我的小舌头，变成水滴了。

看，这样的引导后，超越模式化，语文“活”了，语言“活”了，思维也“活”了。

活力语文，以“语用体验”为动力，语用体验的飞速转动，促进着生活体验和语言文字的相互转换生成，使学生在使用语言中学习语言，更是在使用语言中感悟生活，发展身心。这样的学习，带着对生活的思考，引进阅读的活水，在一个个有创意的语文活动中，走进活力四射的语文旅程，走向精彩的生活和美好的未来！

刘忠伟　许昌市襄城县文昌小学副校长

中小学高级教师，中原名师，河南省模范教师，第二届河南最具影响力教师，河南省教师教育专家，2016 年河南教育新闻人物；出版专著《名师的起跑线》等两部，多篇文章发表在《人民教育》等报刊，在全国各地做专题讲座、观摩教学近 300 场。

质朴数学，从回归本真到关注本质

在课堂教学中，总能经常遇到“花里胡哨”，“繁”字当头，缺失“人间烟火气”的数学课；也常遇到“简”到原始、索然无味的数学课。失去数学味道的课堂，看不见教师的精彩，只看得到学生的无奈，这样的课堂需要回归本真。

细细琢磨，课堂要远离“花拳绣腿”式的表面华丽与空虚，在“繁”与“简”之间追寻切合点，还需要回归课堂的本质，以本质问题为主线，不把简单的问题复杂化，不过度解读寻常的问题，简朴实在、朴实无华、保持本色才能更接近数学课本质，上出质朴的味道。这样的数学课，才是质朴数学课。

质朴数学，是一种教学的价值追求和实践探索，是追求简洁、自然的教学境界，基于本质问题，让学习真实的发生，达到质朴自然的效果，实现教师有质量的教，学生真正的学。

一、质朴数学追求简洁、自然的教学境界

（一）教学形式简单，让课堂更加自然

老子的《道德经》中谈到“大道至简”，大道理都是很简单的，好的数学课也应该追求“大道至简”的教学境界，把复杂变得简单，把烦琐变得简约。

教师用简洁的数学语言，呈现专业数学素养；课堂上教学目标的确立、教学环节的设计、教学评价的制定、教学方法的选择、教学媒介的使用，都体现“简单、简约、简洁”的特点，呈现简洁、开放，让课堂变得自然丰盈，课堂简简单单、轻轻松松。

（二）教学素材简朴，让内容贴近本质

教师善于用智慧创造“简单”，以学取材，将显性知识和隐性知识融会贯通，关注内容的本质。横向上，对教材前后联系有整体的把握；纵向上，能够对不同版本的教材进行系统研读，打破教材布局，整体单元备课中呈现出教师个性的理解和思考。

在教学方式、教师风格、学生学习风格融合的基础上，对教材合理删减、动态调整、适当优化，在简单朴素之中，精选素材，重构整合，让学习素材贴近教学本质，不过多修饰材料，立足于学生的学习角度来设计和实施，让教学内容生命化、个性化。

二、质朴数学构建本质问题为主线的学习

以本质问题为主线，找出“最主要”“最关键”“最中心”“最本质”的问题或者问题串。从内部特征看，它是“开放的”“有深度”“有内涵”“有挑战”，适合学生发展，提升学生素养的问题。从其外部特征来看，是有层次的、有坡度的内容。

本质问题是被反复提及的，出现频次较高、在课堂中贯穿始终的综合性问题或者问题串，是教材解读的关注点、教师教学的着眼点、学生学习的关键点。

在本质问题指引下，经历从研究“点”入手，分析出一条清晰的“线”，达到对整个“面”的认识过程。以点带面，学会数学的思考、数学的观察、数学的理解，形成较为丰富的数学体验，从而构建学生“学习网络图”。

三、质朴数学关注学习真实的发生

（一）以儿童的方式学习，让学习真正发生

教学内容不同、形式不同，不同的学生在共性之中，会有个性的差异。质朴数学不追求师生表面活动的热闹喧嚣，站在儿童的角度，解密童心、聆

听童言、尊重童语、体会童智；以儿童的方式学习，激活学生思维，让儿童基于自己的理解能力，呈现最真实的想法；让儿童“亲身”经历探索、挑战的学习过程，积累数学活动经验，形成探索意识，培养数学素养，让学生的数学学习真正发生。

（二）从儿童数学现实出发，让学习有质量地发生

从儿童的生活经验和数学经验出发，不仅要关注表层知识的需要，更要关注深层呈现的数学情感、数学思维、数学语言、数学思考，“前”与“后”之间、“深”与“浅”之间、“虚”和“实”之中，实现儿童学习由浅层静态到深层动态的不断丰富和完善，让学习有质量地发生。

1. 在“前”与“后”的勾连中，构建动态联系

“前理解”，是学生鲜活的数学经验和数学现实，“后学习”中将原有认知和新知识形成了鲜明的对比，在知识的冲突中激活了学生的思考。“后学习”的概念不是一张白纸，“前理解”的作用力，有积极和消极的影响。教师要发挥“前理解”积极的作用，在尊重孩子原有认知起点的基础上，“前”和“后”的勾连中，抓住关键点，在动态的学习中，发展孩子的数学思维，激活数学经验和生活经验，把静态的知识变成了动态的关联。

在《认识周长》一节（人教版）中，周长是“封闭图形一周的长度”，顾名思义，就是一周边线的长度，“一周”“边线”“长度”三个关键词显得特别重要，“一周”更是基础。伽达默尔的前理解学说提出：人们在理解新事物之前，拥有的知识、见解、经验，会对学习有影响。在学生的经验中，已拥有对前概念“一圈”理解，通过激活学生生活经验，设计让学生走——从起点出发回到起点；描——用动作或者手势描绘出一圈，结合“前概念”，围绕“前理解”，生活经验和数学经验进行了勾连，积累数学活动经验的同时，丰富了对“一周”的认知，为“边线”“长度”等关键词的理解奠定了基础。

2. 在“浅”与“深”的对比中，丰富数学内涵

数学学习不能仅看到浅表层的本位知识，也要看得见深层次的逻辑、思想、价值、作用等内容。

“浅”到“深”的对比，是从不同的维度、多角度来完善和丰富，让数

学本质内涵得到更好的呈现。

《认识圆柱》中认识“高”，很多老师用装满小棒的圆柱盒子来理解“高”。对于“高”的认识，还可以有更深层次的理解，以前学过的三角形的高，因为是点到线的距离，只能画一条；平行四边形的高，指的是两条平行线之间的距离，能画无数条。圆柱的高是指面到面之间的距离，有无数条。

借助实物教具生活化的理解，到借助图形的高抽象地理解“高”，从点到线之间的距离到面与面之间的距离，由“浅”入“深”的过程，与以前学过的知识建构联系、进行比较，丰富了对“高”的内涵理解，培养了空间观念，提高了逻辑思维能力。

3. 在“虚”与“实”的联想中，形成认知结构

“虚”与“实”如同看得见的明河流和看不见的暗河流，虚实相见、明暗结合中，触及概念教学的本质以及学习过程的本质，从不同维度，帮助学生建构了“恰当的”心理表征。

《认识圆柱》学习特征时，一般都是借助圆柱实物教具，让学生认识底面、侧面和高，实物教具从直观到抽象过渡，看得见的“实”。不妨换个角度思考问题，从一个长方形（完全利用，不重叠）如何和圆柱构建起联系入手，学生在“围起来、（旋）转起来”两个维度上建构联系。从两个维度进行思维的发散，聚焦点一方面从“围”入手，在围起来有高高的（瘦瘦的）、矮矮的（胖胖的）上研究圆柱的特征；另一方面围绕“转”入手，分别以长、宽、对称轴为轴旋转得到圆柱。从看得见半直观的圆柱到头脑中构建圆柱，对照学生有实物教具的学习，看似“虚”的过程，不仅关注了直观和抽象，更关注了知识之间的“前”与“后”，“虚”的过程对学生空间观念的培养水到渠成，挑战性的学习中，建构起学习的认知结构，学生对圆柱各部分的认识更深刻、更全面、更到位。

我理解的质朴数学，是对教学本质的价值追求，是简洁、自然的教学境界的实践尝试和理论构建，内涵是站在课堂、教师、教材、学生的纬度，让教师的教变得简单，让学生的学变得轻松。在学生数学素养提升的过程中，实现教师有质量的教和学生真实的学，让课堂具有成长的能量，焕发出生命的活力。

董文华　鹤壁市山城区实验小学

中小学高级教师，联合国教科文组织“为中国而教”项目组特邀培训师，中原名师，河南省模范教师，河南省“五一劳动奖章”、河南省教学技能大赛特等奖获得者，《教育时报》首届最具影响力教师评选为“十佳教师”，鹤壁市“兴鹤聚才”工程教学名师，鹤壁市最美教师；在《人民教育》等报刊发表文章300多篇，出版专著《让小学生恋上数学》《滋养生命的数学》两部。

滋养生命的数学：从“教学之术”走向“成人之美”

一、缘起：这不是我想要的教学

刚参加工作时，我在一所农村小学任教。领导听了我的一节课，说我的普通话比较流利，教态端庄大方，便认定我有培养前途。一连五年，从乡里到县里，再到市里，我靠公开课出了名。那时我遇到一件让人沮丧的事。20世纪90年代盛行应试教育，每学期全乡学生必然统考排名，没想到成绩一出来，我所教的班级成绩位居中游以下。这让我很没面子，当时痛下决心，一定要教出好成绩！

我一边虚心向老教师请教经验，一边悄悄观察他们的课堂教学，自己也揣摩教材的易错点、易考点，慢慢寻到了一些技巧。课堂上小步子教学，力求讲“深”讲“透”，课下让学生围绕易错点、易考点做大量练习。陪着学生写了一本又一本的尖子生题集。果然奏效，教学成绩一年比一年好，所教毕业班成绩达到历年高峰。

工作十年，我获得了“河南省试教先进个人”称号，被评为河南省首批骨干教师。经过短暂自我满足后，我发现高分并不等同于幸福，荣誉证书也只能带来一时的欣喜。只有知识讲授而没有思想交流、观点碰撞的课堂是乏味的，那种“直白式”的教学只是训练而已。这不是我想要的教学模式！

二、顿悟：课堂还可以这样上

2002年鹤壁市开始了新课程改革，满怀着对新课程和理想课堂的憧憬，我走上了一年级的讲台。那节课要教100以内数的知识，想起校园外面的南岗上有那么多的石子，何不带学生在具体情境中学习这部分知识呢？就这样，在学生的欢呼声中，我开始了新学期的第一节数学课：上南岗，玩石子。

整节课分为“捡石子、数石子、摆石子、估石子、说石子”几个环节展开。当我坐在山坡上，沐浴着初春的阳光，看着这些积极投入的孩子，感到无比的轻松和快乐。突然有一种感受：以往教学的最大失败，就是在传授知识的同时忽视了学生的心理感受！除了知识、技能以外，还有一些东西值得我们去追求。那节课让我“怦然一动”，点燃了我探索和改变课堂的热情。

三、探寻：从“教学之术”走向“成人之美”

作为显性的数学知识，如果几年后不用，可能很快就忘了。可是铭记在心的数学精神、数学的思想和方法，用数学的眼光解决问题的思维方式，却会让学生受益终身。

因此，我提出“滋养生命的数学”这一教学主张。从“丰富多元，让学生恋上数学”“玩转数学，让课堂更具智慧”“创意课程，让素养浸润心灵”三个维度出发，寻求切实可行的实践路径，让数学以美妙的方式走进学生，让学生悦纳数学、享受数学，并通过数学教育启迪智慧、润泽生命。

（一）丰富多元，让学生恋上数学

数学课堂不仅仅是在预设的圈子里精讲细练，也不应局限在一个维度内，应该允许有价值的“课外活水”补充课堂教学，这样才能打开学生的视野，让数学的学习逐步走向辽阔。

教学《东南西北》一课，布置学生课前搜集一些关于辨别方向的儿歌和谚语，通过唤醒日常生活经验来辨别生活中的四个方向。课堂上学生兴致勃勃地展示和分享自己搜集的儿歌和谚语，还读起了语文课文《要是你在野外迷了路》。学生在美妙的阅读中体会到辨别方向不是单独存在的，而是和大自然息息相关，大自然是一部永远也读不完的书。

在《乌鸦喝水》的寓言里，学生体会到“体积的意义”；在《曹冲称象》的故事中，学生感受到测量不规则物体的体积蕴含着“化整为零”的思维策略；在《千字文》的经典中教学“认识1000以内的数”，学生体会到数感；学生在操场上体验“1 千米有多远”，在综合实践活动中体验“1 亿有多大”……**资源多元化让枯燥的知识变得鲜活，学生在“见多识广”中领略到数学的“丰富多彩”，并由此恋上数学。**

（二）玩转数学，让课堂更具智慧

如果说语文可以让学生愉悦、快乐，对这个世界充满感性和热情的话，数学则让学生聪明、幸福，对这个世界充满理性和思考。

比如教学《可能性的大小》一课，将历史故事“狄青征战”引入课堂。狄青在 100 个硬币上做文章，实现从“不确定”事件到“确定”事件的转变，鼓舞了官兵们的士气。学生感受到数学知识中蕴含着深刻哲理，同时也领悟到事物之间相互转化的玄妙，提高现实的推理能力、思维素养及应用意识。

在整节课的结尾，通过“黄金救援 72 小时”扩展课堂教学的第二个目标，让学生学会用概率的眼光观察大千世界，观察和分析生活现象，而不仅仅以一成不变的思维方式去理解事物。这一活动看似简单，**其实蕴含着数学课堂的文化价值，让学生体验到：数学作用于社会，数学改变着人们对问题的看法、思考方式以及生活方式。**课堂上学生静静地看着老师一笔一画地在黑板上写下：万事无绝对，一切皆可能！下课铃响时，所有在场的师生都还沉浸在数学的神奇魅力中，沉浸在课堂带给他们的深深震撼中……

（三）创意课程，让素养浸润心灵

一提到数学，人们总会不由自主地想到没完没了的演算，既枯燥又无味，于是数学成了学生最怕的学科之一。数学真的那么可怕吗？其实，只要教师用一点心思和创意，数学完全可以变得不一样。

1. 数学日记，写出学科新精彩

十年前接手一年级，我突发奇想尝试让学生“写数学”。不做硬性规定，只要学生写出来就展示给大家看，呵护学生“写”的兴趣。小学低年级的时候，学生识字不多，大多用生动直观的方式记录眼中的数学与生活，用“量化”的眼光提取生活中的数学成分。比如“饭桌上的数学”一文，学生画出了一家四口吃饭的场景，然后从中搜寻数学的影子并披上数字的外衣：4 双筷子，4 个人，1 张桌子，8 只手，6 盘菜……

小学中年级，学生开始记录用数学知识解决生活问题的过程。比如学完《速度、时间和路程》，学生写下了“为什么结果是错误的”，记录了一家三口开车旅游，根据 GPS 定位的路程和行驶的速度预测所用时间，发现最终所用时间与实际所用时间有差别，学生从而认识到生活中要全面考虑问题，这体现学生有了一定深度的思考水平。

升入小学高年级，“写数学”的内容更加丰富了。有人反思由课堂所学知识延伸出的新问题，表达对知识的“再理解”和“再创造”。比如学习“轴对称图形”一课，学生写下了“我险些掉进了‘陷阱’”，记录了自己厘清“平行四边形是不是轴对称图形”这一问题从头到尾的思考过程。

没有人监督、没有人考核，在费心劳神又看似没有多大“价值”的坚守中，越来越多的学生喜欢上了“写数学”这种形式。由简单到复杂，从模仿到创新；题材越来越丰富，形式越来越多样；思考越来越明晰，内涵越来越丰富。而这一切，是品味数学的持续动力。

2. 美文欣赏，数学课上的另类风景

八年前，我开始尝试在数学课上“见缝插针”和学生一起欣赏美文，这成了数学课上的另类风景。如果哪节课教学任务不算重，或者学生表现得好提前完成了教学任务，我会用上两三分钟，给他们分享一篇富有哲理的美文或数学家的励志故事。如《大仲马智取稿酬》《被开除的数学家》《玫瑰的余香》《让内心拥有春天》《戴尔的自信罐》《最珍贵的诚实》……

这些，可能和我所教的学科知识无关。有时，我也会心虚地问自己：这样算不算不务正业？在苏霍姆林斯基的话中我找到了强有力的支撑：“小学里错过的东西，就永远无法弥补了。”而这份担当，不分学科。当我以这样鲜活、动人的情感浸润学生生命的时候，它一定会在学生的心中种下热爱的种子。

我始终认为，**“滋养生命的数学”一头挑着学科教学，一头挑着学生的生命，其内涵是从“教学之术”走向“成人之美”。让知识充满生长的气息，让课堂充满生长的力量，唤起学生酷爱探究、愿意想象、好问好动的天性。**这种思考力和判断力逐渐细化为一个个精神的种子，播种在学生的心底，成为生命中不可或缺的人生“胎记”，从此界定孩子一生的精神格局。

孔冬青　济源市济水一中

中小学正高级教师，入选教育部“国培计划”首批名师领航工程，曾获得全国优秀教育工作者，河南省劳动模范，中原名师，河南省特级教师，河南省教师教育专家，河南省优秀教师，河南省教学标兵，河南省教育厅学术技术带头人等荣誉称号。

本质数学

——引导学生学会数学化的思维与方法

一、“本质数学”教学主张的提出

目前我们的数学教学大都采用短平快的方式，不探究知识的来龙去脉，不管知识之间的相互联系，常常按照题型的外部结构特征，归类、整理，总结方法，教给学生解题思路。试图让学生通过大量反复的练习，产生记忆扎实、熟能生巧的效果。这样的教学形式不利于培养学生的数学素养，不利于让学生感悟数学思想，不利于培养学生的创新意识和创新思维。因此，缺乏对数学本质研究的教学无法实现数学教学的意义和价值。

《义务教育数学课程标准（2011 年版）》在课程的理念中指出：“数学教学是数学活动的教学，是师生之间、学生之间交往互动与共同发展的过程。”我的理解，这里强调的数学活动，是教师和学生思维交融、碰撞的有效活动，是让教师揣摩、体会如何引导学生学会思考的活动，是让学生理解操作背后的思维逻辑的活动。因此，我认为在数学活动过程中，应该不仅让学生明白要做什么，还必须让学生明白为什么要这样做，在学生的追问反思中积累数学思维活动的经验，学会用数学思维思考，不断感悟数学思想，主动建构数学知识体系。

《义务教育数学课程标准（2011年版）》在课程总目标中也提出让学生通过数学的学习，能获得适应社会生活和进一步发展所必需的数学的基础知识、基本技能、基本思想、基本活动经验。运用数学的思维方式进行思考，增强发现问题和提出问题、分析问题和解决问题的能力。了解数学的价值，提高数学学习的兴趣，增强学好数学学科的信心，具有初步的创新意识和科学态度。我认为学习知识的必要性在于解决问题的实际需要，在于研究问题的认知冲突，只有这个时候，学生才会兴趣盎然地自觉投入学习，才会有数学学习的真正发生。学生学习经验的积累必须经过反思、总结、提炼等深层次的思维活动才能获得。

新的课程理念强调以人的发展为本，追求教育的价值。因此，我的数学课堂教学注重学生学习兴趣的激发，注重数学教学本质和教学价值的研究。即研究知识本身承载的思维，研究学生学习的思维和教师的教学逻辑，让学生在教师的引导下学会“数学化”的思维与方法。

二、“本质数学”教学主张的概念

“本质数学”指立足数学教学的本质进行教学活动。依据数学课程基本理念和目标，确定数学教学的本质是引导学生学会数学化的思维与方法。也就是说，“本质数学”是指向学生数学思维与方法的教学，追求学科的教学价值。

“数学化”思维与方法指的是学生用最基本的概念、性质与关系去理解数学问题和思考数学问题，是针对研究对象反复尝试、探究，不断修正、改进、完善的过程，不断感悟抽象、推理、模型等数学思想。另外，在面临各种现实的问题情境时，能够从数学的角度去思考问题，也就是能够自觉应用数学的知识、方法、思想和观念去发现其中所存在的数学现象和数学规律，并能够运用数学的知识和数学的思想方法去解决问题。

三、“本质数学”主张的内涵

“本质数学”以“数学思维与方法”贯穿整个教学活动始终，追求的是知识探索基于需要，激发学习的积极性；知识探索经历过程，学会数学的思维方法；知识探索追根溯源，掌握数学的研究方法。它强调数学教学以兴趣为纽带，以思维为核心，以探究活动为载体，发展学生的“数学化”思维与方法。

（一）知识探索基于需要，激发学习的积极性

“本质数学”强调数学教学以兴趣为纽带，而数学学习兴趣的激发源于对知识探究的渴望。只有当学生感到在实际生活或实践中需要掌握新知识，或者所需要的知识自己不知道、不理解，在解决问题时出现认知冲突，感到困惑时，才会有强烈的探究愿望。因此，在实际教学中要注重设置问题情境，让学生在情境中产生迫切学习的愿望。

比如七年级第一章研究有理数，这是数系的又一次扩充，数及其运算是中小学数学课程的核心内容。学生在小学已经学习了自然数、正分数及其运算，还初步了解了负数的意义，本章作为初中的起始课，也是发展学生运算能力的载体，如何让学生通过对有理数的认识感受到学习的价值，激发他们认识有理数并研究有理数的运算的兴趣是学好这一章的前提。因此首先要列举生活中大量的相反意义的量，如前进一步和后退一步，挣到 50 块钱和花掉 50 块钱等，让学生理解引入负数是实际的需要，再通过解决实际问题抽象成数学问题，让学生明白学习负数也是学习后续内容，特别是“数与代数”内容的需要，让学生体会引入负数的必要性和它的价值，让学生产生研究新的数与数的计算发生的变化的兴趣，为学习这一章打下基础。同时让学生了解，中国古代著名的数学专著《九章算术》（成书于公元一世纪）中，最早提出了正负数、加减法的原则，让学生增强文化自信。在研究“解直角三角形”时，可以提出生活中常见的问题：我们有没有办法在地面上就能轻松测量学校旗杆的高度，测量学校教学楼的高度？能不能不出校门就测出学校外的一栋高楼的高度？在学生绞尽脑汁想办法后，告诉学生，其实这些生活中的问题用“解直角三角形”这章的知识可以轻松解决。由此增加学生对研究新知识的兴趣。学生兴趣浓厚就可以保持探究中的热情，感受数学之美。

（二）知识探索经历过程，学会数学的思维方法

数学教学的本质就是引导学生学会数学化的思考，这是一个长期的过程，应该落实在每一个知识点的探究过程中，让学生的“数学化”思考成为一种习惯，从而形成学生的数学素养。课堂教学的主导是教师，教师对知识的理解和把握，对课堂教学活动的设计、问题的引导对学生思维习惯的培养起着最关键的作用。

因此，教师必须要理解并能很好地利用知识本身承载的思维，正确把握学生的思维方法，确立自己的教学逻辑，让学生在经历探索知识的过程中学会思考。

首先要进行知识块备课，研究知识承载的思维，理清知识结构体系。只有这样，我们的教学才能站在一定的高度上，才能不至于就知识点教知识点，而是会自觉地把每一个知识点放到知识链中去思考它的来龙去脉，掌握它的发生发展过程，了解它的相关知识，让学生既能看到树木，还能看到森林。因此，对于每一块的教学，我们都要先进行整体单元备课，理清各个知识点的前后联系，研究知识承载的思维特征，掌握知识的本质，形成科学的教学逻辑，让学生能够参与知识的探究过程，感悟数学思想方法，积累思维经验和活动经验，形成数学研究的思维习惯，落实数学核心素养。

其次要确立教学逻辑，设计高质量的思维活动，引导学生学会“数学化”的思维与方法。教学过程是师生间依据知识信息进行平等对话的过程，教师要引导学生开展观察、操作、比较、概括、猜想、推理、交流等多种形式的活动，使学生通过各种数学活动，掌握基本的数学知识和技能的同时，学会从数学的角度去观察事物和思考问题，产生学习数学的愿望和兴趣，能够主动把概念、定义、公式等纳入学生自己的认知结构中。因此，教师要设计高质量的思维活动，让学生成为思维活动的主体。在这个过程中，并存着教师教的过程，数学知识的发生、发展过程以及学生的思维过程，只有教师引导学生亲历数学问题的解决过程，才能让学生理解数学的本质，充分感悟数学思想方法，从而提高学生发现问题、分析问题、解决问题的能力。

（三）知识探索追根溯源，掌握数学的研究方法

学生在探究知识的过程中，有时往往是无意识的、发散性的或者是杂乱的思维，在问题解决后，必须有一个反思追问的时间和机会。可以是学生自己的反思提炼，也可以是教师追问引导下的聚焦问题本质的思维过程。只有这样，才能让学生走出最关键的一步，追问思维的核心，追问思路与方法，追问研究问题的路径策略。经过这样长期引导，学生会形成自我追问的习惯，直击问题的本质，掌握方法，积累经验，形成能力。

只有我们真正理解数学教学的本质，教会学生运用数学的思维与方法，数学核心素养才能真正在课堂中落实，学生的数学素养才能真正得以培养，我们的数学教育才能发挥它最大的价值。

都娟　濮阳市第十中学校长

中小学高级教师，“中原千人计划”领军人才，中原名师，河南省教育厅学术技术带头人，河南省首批名班主任工作室主持人，曾获全国实验教学能手、国家级优质课教师、河南省十大师德标兵、河南省最具影响力班主任、河南省教师教育专家等荣誉称号。担任“国培计划”讲师团成员，河南师范大学“未来名师班”校外导师。

生物学教学要从生活中汲取营养

在教学中，我看到了一个通病，那就是：学生对知识的感知“浮离”于真实世界之外。我们在课堂上、教室里传授给学生的知识，是人类千万年积累下来缤纷庞杂的经验，是经过整理，使之抽象化、普遍化、分类化、标准化而得到的所谓人类经验的精华。我把这些知识叫作“套装知识”，这里面缺乏个人特殊经验的表述。学生如果只是机械记忆这些“套装知识”，而没有与现实的生活经验发生碰撞和对接，学生就会对真实的世界产生迷惘。比如，出示一幅人体消化系统图，学生能够很快填写出各部分的结构名称，可学生一旦肚子疼起来，却说不出究竟是哪里疼。再比如，学生根据课本介绍，熟记了急救时人工呼吸、心脏胸外按压等方法要领，可如果真遇到紧急状况，学生可能在慌乱之中手足无措。

审视我们的教育现状，聚焦我们的现实课堂，也许就能找到症结所在：学生一进教室，就像被关了“禁闭”，不准乱说、不准乱动、不准跑神儿，学生的双手一律要背到身后，腰杆一律要挺直，眼睛一律要看老师，耳朵一律要高高竖起。所有的学生都必须是听话的、乖巧的、安静的，就像集装箱里的产品，整整齐齐，一模一样。我们总是想把学生装进密闭的套子里，封锁在课桌前一米见方的小空间里，看着他们乖乖地完成作业和习题，我们才安心、放心。这种状态下的学习，学生对知识的理解和认识只是漂浮在抽象的文字符号上，难以和真实世界、现实生活有效衔接。然而，对于学生而言，**只有拥抱自然，融入社会，贴近生活，才能完成真正意义上的成长**。所以，我提出教学主张：生物学教学要从生活中汲取营养。

一、生物学生活化教学提出的背景和意义

（一）课程改革和学生发展的需要

促进学生终身发展和适应社会需要，促进学生当下与将来生活质量的提高，是教育的出发点与归宿。联合国教科文组织在其发表的一份重要报告《教育——财富蕴藏其中》中指出，教育应为人的一生幸福做好准备，**未来教育的四大支柱是通过教育使学生学会认知、学会做事、学会共同生活、学会生存**。当前社会信息化和科技化飞速发展，对人才培养和教育教学提出了新的要求。课程实施要更注重提高学生的综合素质和科学素养，培养学生获取新知识的能力、收集和处理信息的能力、分析和解决问题的能力、交流与合作的能力、终身学习的能力以及较强的社会适应能力等。

2016年，北师大举行了中国学生发展核心素养研究成果发布会，对学生发展核心素养的内涵、表现、落实途径等做了详细阐释。中国学生发展核心素养以培养“全面发展的人”为核心，分为文化基础、自主发展、社会参与三个方面，综合表现为人文底蕴、科学精神、学会学习、健康生活、责任担当、实践创新六大素养。在这样的时代背景下，初中生物学课程的目标、内容和评价都旨在提高每个学生的生命观念、科学思维、科学探究、社会责任等生物学核心素养。在初中生物学教学中融入生活化内容，能够让学生在所熟悉的生活背景中亲身体验、探究，大胆质疑、发现，真诚表达、交流。学生通过各种生活经历，内心情感得以丰富，生物学核心素养得以提升，树立了正确积极的生活态度，掌握了科学健康的生活方式，提高了综合实践和解决问题的能力，从而对生活充满尊重、热爱、憧憬和向往。

（二）生物学学科的特点与优势

生物学是自然科学中的基础学科之一，是研究生命现象和生命活动规律

的一门科学。因为人本身也是自然界中生命的一员，生物学所涉及的知识与人类的日常生活、医疗、保健、营养、健康、环保等方面都有着密切联系，许多生物学知识都是来源于生活并最终服务于生活。所以，生物学的内容是丰富、生动、鲜活的，生物学课堂教学联系生活具有绝对的优势和丰富的价值。随着新课标的颁布和新课标版教材的使用，更是让生活化教学融入了生物学教学中。

此外，近几年生物学科考试对于学生的考察方向也发生了明显变化，考察内容不再局限于学生对理论知识的掌握，而是更加注重考查学生利用理论知识去解决实际问题的能力，例如一些社会生活热点问题如环境保护、艾滋病、无土栽培、绿色食品、害虫的生物防治、可持续发展等被引入中考，这就要求我们生物学教师在日常教学过程中注重理论联系实际，把抽象的概念形象化、具体化、生活化。

二、对生物学生活化教学的实践与探索

（一）在理论中提炼

生物学是一门从生活中来、到生活中去的学科，倡导从生物走向生活，从生活走向社会。我在教学实践中，提出了“课堂导入聚焦生活”“课堂学习链接生活”“课堂结束回归生活”三个初中生物学生活化教学的策略。其内涵阐释为：“课堂导入聚焦生活”——通过生活聚焦、汇报展示、“今天我主播”、生活大搜索等形式，鼓励学生“拿着放大镜”去发现生活中的生物学，从学生身边事入手，从学生已有的生活经验出发，创设生活情景，聚焦生活热点，激发学生浓厚的学习情趣、强烈的好奇心和求知欲；“课堂学习链接生活”——在整个课堂学习中，通过师生互动、小组讨论、实验探究、举例说明、精彩展示等多种方法，建立教学内容与学生生活之间的链接，解决学生来自生活中对一些生物学现象的困惑，帮助学生进行生活及社会活动的决策等；“课堂结束回归生活”——课堂结束后，通过生活化的练习、作业、小课题研究和课外实践活动，帮助学生在生活中拓展对生物学知识的理解，进一步提升学生解决实际生活问题的能力和生物学核心素养。

（二）在实践中探索

现实教学中，我一直致力于从生活中汲取营养，努力把真实世界呈现给学生。在学习《人的生殖》时，我让学生把10斤米捆绑在腹部，亲身体验母亲怀孕时的艰辛；在学习《鸟的生殖和发育》时，我将鹌鹑蛋、鸡蛋、鸭蛋、鹅蛋、鸵鸟蛋等带到课堂，让学生感受鸟卵的形态各异和孵化的神奇；在学习《种子的结构》时，我把小麦、玉米、高粱、水稻、大豆、红豆、绿豆等带进课堂，让学生尝试用科学的眼光重新审视这些生活中熟悉而奇妙的种子；在学习《被子植物的一生》时，我动员学生从家里抱来花盆，每人发放一颗小种子，在孩子们的精心呵护下，种子开始萌发、长大、开花、结果；在学习《人体的营养》时，我和学生组成义务宣传队，倡导全校师生“合理膳食每一天，健康快乐一辈子”；在学习《细菌和真菌》时，我让学生亲自动手制作酸奶，酿造葡萄酒，种植食用菌；在学习《合理营养与食品安全》时，我让学生为爸爸、妈妈设计一份午餐食谱，让他们懂得关心长辈的饮食，关注父母的健康；在学习《基因在亲子代间的传递》时，我联系到在泰国享有极高人气的最美变性人宝儿，宝儿17岁成功变性为美女，有人说她比真正的美女还要美10分，以此引发学生思考：变性人的基因究竟有没有发生变化？在学习《吸烟对人体健康的危害》时，我让学生查阅有关香烟引起的呼吸道疾病及患肺癌的概率，又与学生一起到大自然中捕捉蝗虫，观察香烟对蝗虫活动的影响。

（三）在收获中反思

不要把教科书当成学生的全世界，而要把全世界当成学生的教科书。我和学生一起把生物学课堂搬到了有生命存在的地方，把生物学知识根植于学生的真实世界之中，学生真正懂得了生命的内涵，触摸到了生命的温度。这样的生物学课堂，洋溢着生活的情趣和生命的活力，学生从中获得了最为真实的情感体验，激发唤醒了学生对未知世界的探索欲望，学生学会用所学知识解释生活中的生命现象，解决生活中的实际问题，体悟到生物学知识的价值与魅力，从而更好地读懂生活、热爱生活、创造生活。

李明　河南省淮滨高级中学党委书记、校长

中小学正高级教师，教育部中小学领航校长，全国优秀校长，全国优秀教师，国务院特殊津贴专家，中原名师，河南省特级教师，河南省政府特殊津贴专家，国家基础教育教学成果二等奖主持人，凝练出“教育：生命对生命的影响”教育思想。

基于生命自觉的教学主张

教师的智慧在于“善把金针度与人”，教师的幸福源于自我的专业提升。教师专业成长的途径有很多，但归根结底是一种自觉行动、一种自我修炼。

课堂教学总是在变与不变中行进。2017年，教育部部长陈宝生提出了“课堂革命”，指出“我们的课堂革命需要：心灵的革命、观念的革命、技术的革命和行动的革命”。这就要求我们每一位教师要进一步回归、深刻理解教育，重新认识教与学的本质。

优秀的教师既能立足自身特点，保持自己独特的教学风格，又能结合时代和教育对象的特点，自觉做出科学的规划，不断定义好自己的物质架构、组织结构和精神气质，凝练自己的教学主张，营造富有特色的学科课堂，开展思想指导下的教学实践。

因此，我认为，**基于生命自觉的教学主张的产生和发展离不开教师的自觉学习、自觉凝练和自觉实践**。

一、自觉学习教学理论

教师自觉学习教学理论，有助于达成与实现变革时代下教师专业发展、教育理论自身发展和课程改革的真正发生、有效推进。布金汉姆曾说：“教师拥有研究的机会，如果他们能够抓住这个机会，他们将不仅能有力地和迅速地推进教学的技术，并且将使教师工作获得生命力和尊严。”这种自觉追求蓬勃生长的新理念、新方法、新尝试，即教师生命力的扩展和延伸。

（一）广泛阅读——观千剑而后晓声

教师是具备一定理论素养、具有丰富教育经验的实践者。作为一个具有学习理论、吸纳理论和构建理论能力的主体，教师必须不断地构建和修订自己既有的教学理念。在这一提升过程中，广泛学习和阅读是必经之路。

苏霍姆林斯基指出：“只有教师的知识面比学校教学大纲宽广得多，他才能成为教学过程的精工巧匠。”教师既要有广博的知识，又要通晓基本的社会学科、自然学科等方面的知识，做到博学多才。教师必须通过广泛阅读学习学科专业知识、文化知识和教学理论基础知识，掌握教育学、心理学和学科教学法等理论，用科学的理论去指导自己的教学，方能厚积薄发，逐渐形成“大教学观”，为学生创设开放的教学情境，培养学生的创新意识和能力。在物理教学中要善于引导学生关注生活中的实际问题，关注社会科技重大进步，如地铁中的隧道广告，当地铁静止时乘客看到的是静止的画面，当地铁稳定运行时乘客看到的是动态画面，若地铁运行速度稍快或稍慢，乘客就会觉得画面在向后或向前缓慢移动。

（二）不断积累——为有源头活水来

教育是一项复杂的社会活动，教育境遇的多变性、教育者主体间的差异性以及教育对象的多样性均显示出它不同于一般的技术性活动，它需要教师具备丰富的经验以面对复杂多变的教育现实。一线教师常年处于繁杂的具体实践运作之中，要有意识地以理论学习的积累为基础，强化实践的观摩、体验反思，再以此来追问和反思教学活动，通过自我经验的提升与外来理论的补充，形成自己对教学的理解，生成自己的教学理论。教师在教育实践中获得的宝贵经验，是实现自身教学品质不断提升的源头活水。如老一辈物理教育学家乔际平先生 1981 年针对当时中学物理教学直接给出结论及数学公式的方法，马上运用公式讲解例题，让学生仿照例题进行大量练习的做法，提出了“重视物理概念与定律的教学”的物理教学思想。

（三）深入研究——吹尽狂沙始到金

教师应树立理论自觉，积极开展实践研究，在教育理论产生过程中形成归纳与演绎、概括与抽象的思维能力，通过严密的逻辑思考生成自己的教育教学思想，形成自己的思考方式、教学模式。面对教育研究，教师要努力做到“顶天立地”。“顶天”就是胸怀教书育人的大局，要对教育研究中的本源性问题进行探讨；“立地”就是从日常教学实践中寻找研究话题，对具体实践中的问题加以追问和反思。通过深入研究，提高自己的教学研究能力、学术研究能力，是实现从“教书匠”向专家型教师转化的有效路径。研究可以从“一道题”开始——精选“一道题”，精讲“一道题”，精熟“一道题”；可以从“一节课”开始——新授课、讲评课、自纠课、复习课等，以解决日常教育教学中的实际问题。

二、自觉凝练教学主张

教学主张是教师在全面把握教材和准确理解教学理论的基础上，对教育教学进行深入思考后所形成的一种认识和见解，表现出了对教育事业的情感上的自愿和行动上的自觉。这种自愿与自觉，反映出教师对教育的追求，具有教育自觉的教师才会有追求，也才会有行动。可以说，教学主张是从教育自觉的根上开出的鲜艳的花朵。要成长为优秀教师，就必须自觉凝练自己的教学主张。

（一）思考内涵——抓住学科教学本质

每一门学科都有自己的独特内涵和本质特征，对学科本质的把握，会影响教师对教材的处理、对教学目标的制定，以及教学策略的选择和教学方法的运用，进而影响教师的教学观念和教学主张。要想提出有价值的教学主张，必须抓住学科教学的本质。那么，如何才能抓住学科的本质呢？我认为，首先要对所教学科的教材了然于胸，熟悉教材的编排和每一个模块的具体内容；其次，要认真学习研究学科课程标准，尤其是学科核心素养的内涵及培养目标；最后，还要在长期的教学活动中，将理论付诸实践，不断反思、调整、聚焦，才能够实现这个目标。以物理学科为例，物理核心素养主要包括“物理观念”“科学思维”“科学探究”“科学态度与责任”四个方面，其中，“物理观念”是基础，“科学思维”是关键，“科学探究”是路径，“科学态度与责任”是最终目标。

（二）探索规律——生成课堂教学策略

著名教育家、语言学家吕叔湘说：“如果说一种教学法是一把钥匙，那么在各种教学法之上，还有一把总钥匙，它的名字就叫作‘活’。”而要想做到所谓的“活”，作为教师，一定要主动探索学科特点以及课堂教学中的内在规律，并在此基础上，采取灵活的教学方法和策略以提升课堂教学的效果。教师不仅要在备课时根据教学内容和学生情况预设教学问题和教学策略，更要能够在教学过程中根据课堂实时情境生成即时的课堂教学策略，从而使课堂教学演绎出不断生成的动态之美。如以“活物理”理念引导物理实验教学的尝试就是一种很好的策略，物理实验既是物理教学的重要基础，又是物理教学的重要内容，物理教学一定不能没有试验。“‘坛坛罐罐’能当仪器，拼拼凑凑可做实验”，创造性教学，要想学生思维活起来，教师先要动起来。

（三）凸显风格——提炼个人教学主张

苏霍姆林斯基说：“一个无任何特色的教师，他教育的学生不会有任何特色。”而具有鲜明个性的教学风格是要以个人的教学主张或教学思想为支撑的，所以，“提炼教学主张，凸显教学风格”应该是每位优秀教师成长的必经之路。而提炼教学主张需要一个不断学习，循序渐进，厚积薄发的过程，不能一蹴而就，急功近利，要经过长期沉淀，深入实践，自觉反思，反复调整，才能最终完成。所以，我们要在遵循规律的前提下不断创新，要在坚持共性的基础上凸显个性。当教师都凝练出自己的教学主张，于自己的课堂上展示出独特的教学风格，就会绽放出不一样的精彩！

三、自觉开展教学实践

“读书做人，教书育人”是教师的本分。身为教师，不仅要在读书中发现、思考、感悟，还要注重理论联系实际，积极开展教学实践。课堂教学实践是自我教学主张的土壤，在实践中教学主张得以生成、丰富、完善和发展。

（一）教学相长——在实践中丰富教学主张

教师的专业成长一定离不开“教”与“学”，这两方面互相影响和促进。教师自身要善于学习，形成认识；要乐于实践，优化认识，在“实践、认识、再实践、再认识”的螺旋式上升过程中不断增强教学本领。教学活动是一种生命的互动，一节节课例是教师播撒教育智慧的试验田，教师将教学主张渗透在教师的教与学生的学的双向互动中。通过一次次“教”的磨炼，教师的教学主张得以不断丰富，最终转化为试验田的养分，助力师生生命的共同成长。

（二）精雕细琢——在反思中完善教学主张

教学反思，是指教师对教育教学实践的再认识、再思考，并以此来总结经验教训，进一步提高教育教学水平。教师要养成教学反思的习惯，可以借助课例研究，捋一捋教学行为背后的因素，使自己的教学行为从感性走向理性，从无序走向有序。所谓“精雕细琢方为器，千锤百炼始成钢”，在一次次反思中，以理性精神观照自己的教学行为，不断深化自己对教育教学的理解和认识，从而完善自己的教学主张，使其更具教育张力。

（三）与时俱进——在创新中发展教学主张

教育教学指向的是生命成长，因此创造性是教育教学的根本属性。任何一项创造性的工作，都需要参与者拥有独立思考的能力和勇于创新的精神。教学实践中，教学主张引领着教学行为，没有教学主张的发展就没有课程和学生的发展。因此，教师要始终以“生命成长”来检验自己的教学成果，要树立终身学习观念，勤于思考和追问，与时俱进，不断向纵深开掘自己的教学主张以适应教学实践的新要求，让自己的智慧之花开满教育教学之路。

五年前，我们提出：教师要通过提炼自己的教学思想，开展教学思想指导下的教学实践活动，来促进自己的专业提升。五年来，许多老师从青涩走向成熟，研磨出了一节又一节精彩纷呈的好课，让学生享受到更具教育艺术的课堂，品味探究知识、领略学科思想的乐趣；同时也呈现出不一样的教学主张，丰富了教育内涵，落实了学科的核心素养。在“预设—发现—探索—生成”课堂教学思想和“让学习发生”的课堂教学目标引领下，老师们的课堂不再是单纯的知识技能的传授，更是思维的培养、思想的形成，教与学方式的变革也在悄然发生。

教学思想是课堂教学的指明灯，教学思想有多远，课才能走多远。追求卓越的智慧的老师必会努力从实践中凝练出自己的教学主张或教学思想，用以更好地指导自己的教学实践，这也是每一位基于生命自觉的教师所应追求的目标和境界。

司德平 郑州外国语学校副校长、管城区教育局局长助理、管城区科协副主席

河南省首批中小学正高级教师，三级教授，国家“万人计划”教学名师候选人，“中原千人计划”领军人才，河南省学术技术带头人，中原名师，河南大学硕导，郑州市政府特殊津贴专家，郑州市首批高层次人才，郑州市首届十大杰出教师，郑州市专业技术拔尖人才。

从学科思想方法到物理教学主张

知识、技能、思想方法是学科教学的三大要素，其中，学科思想方法是学科教学的灵魂与精髓。教育部《义务教育数学课程标准（2011年版）》首次将“双基”拓展为“四基”：基础知识、基本技能、基本思想和基本活动经验；2012年，《中学教师专业标准（试行）》在“专业知识”维度中的学科知识方面，不仅要求中学教师知道所教学科的内容，而且要“理解所教学科的知识体系、基本思想与方法”等，从而保证教师在教学活动中脉络清晰、重点突出，让学生感悟学科的基本思想；2013年，在教育部《关于推进中小学教育质量综合评价改革的意见》中，首次出台了《中小学教育质量综合评价指标框架（试行）》，其中在“学业发展水平”维度中有“学科思想方法”的关键性指标，考查“学生对各学科思想和方法的理解和掌握情况”。

一、关注学科思想方法

（一）学科思想与学科方法的关系

学科思想对学科方法起调控作用，而学科方法则是学科思想的外显，很多学科方法是学科思想的具体体现。因此，近年来学界逐渐认为“学科思想”与“学科方法”之间没有十分明确的界限，二者相辅相成，互为表里，密不可分，故把二者统称为“学科思想方法”。一般情况下，强调指导性时称为学科思想，强调工具性时称为学科方法。例如，近代物理学中的波粒二象性，虽然微观粒子同时具有波动性和粒子性，但是高频时，其粒子性显著；低频时，其波动性显著。即从不同角度观察同样一件物体，可以看到两种迥然不同的图样。

（二）物理学科核心素养与学科思想方法

2019 年 6 月，国务院颁布的《关于新时代推进普通高中育人方式改革的指导意见》规定，从 2020 年起，高考不再制定考试大纲，延续了 16 年的高考考试大纲成为历史。教育部考试中心研制的《中国高考评价体系》成为高考新的指导纲领，该体系是由“一核”（为什么考？）、“四层”（考什么？）、“四翼”（怎么考？）构成的有机统一体，其中，“四层”即为学科核心素养。

高中物理学科核心素养是学生在接受物理教育过程中逐步形成的适应个人终身发展和社会发展需要的必备品格和关键能力，是学生通过物理学习内化的带有物理学科特性的品质，是学生在学习物理过程中逐步形成的知识积淀、思维品质、能力表现、科学思想及科学的情感态度价值观的综合体现。高中物理学科思想方法为物理学发现问题、提出问题、解决问题的过程中，所使用的策略、途径、手段、方式和操作的总和，是从物理学视角对客观事物的本质属性、内在规律及相互关系进行有效思维的方式，是科学思维内化的能力与品质。

教育部颁布的《普通高中物理课程标准（2017 年版，2020 年修订）》把物理学科核心素养划分为“物理观念”“科学思维”“科学探究”“科学态度与责任”四个维度。由其结构关系可知，在“科学探究”的基础上，逐步形成“物理观念”“科学思维”和“科学态度与责任”，三者相互促进，形成不同水平等级的学科核心素养，即“科学探究”为基础，“科学思维”为灵魂，而“学科思想方法”则是科学思维的内核。

（三）高中物理学科思想方法的分类

高中物理常见的学科思想方法有：理想化与物理建模思想，其中包括理想模型（对象模型、条件模型、过程模型、模拟模型）和理想实验；实验探究思想；守恒思想；控制变量思想；等效思想（等效转换、等效替代）；类比思想；极限思想；对称思想；数理思想（比值定义法、乘积定义法、比例系数法、图像法、方程函数法、数形结合法、近似法、外推法、平均值法、曲线拟合法、微元法、累积法、放大法、化归法、逆向法、临界与极值法）；隔离与整体思想；归纳与演绎思想；假设与悖论思想。

其中，数理思想是基于物理现象构建数学模型，是利用数学知识解决物理问题的科学思维方式。数理思想不仅能利用数学方法诠释物理现象，解决物理问题，还能预见物理现象，并根据物理事实修正原有的物理模型；隔离与整体思想是分析与综合思想在解决物理问题中的具体应用。

其中，理想化与物理建模思想属于建构类的学科思想方法；实验探究思想、守恒思想、等效思想、控制变量思想、对称思想、类比思想、假设与悖论思想属于发现类的学科思想方法；数理思想、极限思想、隔离与整体思想、归纳与演绎思想属于应用解决问题类的学科思想方法。

二、凝练物理教学主张

反思我从教 35 年的教育教学实践，凝练出“基于实验、突思促悟、人文物理、以研促教”的物理教学主张，追求“求真、从善、臻美”的教育愿景。

（一）求真·基于实验

物理学是一门以实验为基础的自然科学。在物理学的发展过程中，概念的形成、规律的发现、理论的建立，都依赖于实验，其正确性要不断受到实验的检验。著名美籍华裔物理学家丁肇中曾指出：“实验可以推翻理论，而理论永远无法推翻实验。”因此，实验推动了物理学的发展，起着决定性的作用。

在中学物理教学中，实验不仅是物理教学的基础，也是物理教学的重要内容与方法，同时，实验能力也是高考物理考查的五种能力之一。因此，中学物理课堂教学设计的逻辑应基于实验，通过实验创设物理情境，再现、还原物理过程，从物理学视角提出问题，形成猜想和假设，获取和处理信息，基于证据得出结论与解释，并对实验过程和结果进行交流、评估和反思，从而帮助学生建构物理模型，内化概念与规律，培育学科思想方法，提升学生科学思维能力，认识学科本质，逐步形成科学态度与责任。即实验教学不仅要“动手”（培养操作技能），还要“动脑”（渗透思想方法），更要“动情”（关注态度责任）。为了充分发挥实验功能，在教学中应做到：再现设计过程，突出思想方法；拓展操作过程，丰富物理内容；加强过程分析，观察与思维同步。

（二）求真·突思促悟

悟是思考的结果，思是悟的过程，悟因思而生成。因此，课堂教学倡导“以思论教”，实现“突思促悟”，这不仅是新课程“以学论教”的深化，也是课堂诊断观察的重要指标。

中学物理教学不仅要以实验为基础，而且要以思维为中心，以过程为主线。即物理教学中要追根溯源，深入揭示物理学家的思维过程；要还原稚化，充分展现教师的思维过程；要诱发引导，及时暴露学生的思维过程。从而使这三种思维活动开放交融，为学生的思维发展创造一个最佳的课堂教学环境。要让学生重演物理知识的发生过程：对于物理概念，要充分“还原稀释”，让学生体验概念的形成过程；对于物理规律，要坚持“延迟判断”，让学生探寻规律的发现过程；对于物理实验，要渗透思想方法，让学生参与实验的设计过程；对于物理解题，要注重过程分析，让学生亲历问题的解决过程。

（三）从善·人文物理

中学物理教学不仅要关注物理知识与技能、科学过程与方法的学习和训练，而且更要发挥物理学史的教育功能，提升学生的科学与人文素养，使感性与理性共生，科学与人文齐飞，做到见物思理，以理悟事，迁移转化，天人合一，追求理性、人文、简单、和谐与统一，达到“求真、从善、臻美”的境界。让学生不仅“从生活走向物理，从物理走向社会”，而且要感悟内化、提炼思想、张扬个性、激发潜能、放飞情愫、启迪智慧、陶冶品德，进而达到转识成智，积智成德，并在认识科学本质、理解科学·技术·社会·环境（STSE）关系的基础上，逐渐形成对科学和技术正确的情感态度与价值观，培育学生健全的人格。

（四）臻美·以研促教

基于“问题即课题，教学即研究，成长即成果”的理念，结合中小学教师的专业特点，中小学教研应努力回归教研的“本真”，尽力降低研究“重心”，以解决课堂教学问题为取向，做自己合适、需要的小课题教学研究。

教而不研则浅，研而不教则浮。因此，为了追寻与反思课堂教学的科学性、有效性与创新性，以教育科研为先导，努力提高课堂教学效益，自觉运用教育教学理论指导教学实践，基于小课题教学研究，以研促教，促进有效教学反思，通过影子教师的案例学习、对照反思和辐射引领，实现教研一体化，探讨、创新青年教师专业发展的培育模式。

真、善、美是物理教育追求的最高境界。即物理教育第一要“求真”，达到科学境界；第二要“从善”，体现人文境界；第三要“臻美”，追求卓越，具有艺术境界。

第二章

教学设计

——让课堂有章法

殷慧芳《于细微处见精彩》教学视频

李国胜《可爱的草塘》教学视频

李慧转《平行四边形的面积》教学视频

石吟　郑州市第二实验幼儿园园长

中小学高级教师，全国家庭教育指导师，河南省模范教师，河南省教育厅学术技术带头人，河南省教师教育专家，郑州市首届名师，郑州市五一劳动奖章获得者。

“漫教育”倡导幼儿在体验中成长为最好的自己

我们常说“不忘初心”，我的初心是什么？我会经常问自己，每次在脑海中总能跳出几个词——专业、好玩、常态、长远。不知为何，这四个词跳出的频次最高，有时我也很难准确地表达自己心中那个灯塔，但大意都是要表达：专业的学前教育应该具有不可替代性，是一群专业人士一起创办一所孩子喜欢、好玩有趣的幼儿园，这里的老师爱生活、爱孩子，在这里老师和孩子共同成长，家长和我们共生。

一个人的教学主张一定是跟她的经历、经验、思考、感悟有着密切的关系，在与学前教育相识的22年中，我也是不断在调整、修正自己的观点，从而逐步形成自己的教育主张。学前教育由于面对的人的年龄特点，具有“启蒙性”和“长远性”两个特质，这里的“启蒙性”既指启发唤起，又指方法童趣；这里的“长远性”既说明要保质，而且要长久，这既给学前教育对一个未来人发展的方向给予定位，又对学前教育赋予了重大的责任。

一、漫教育让我们看到教育的美好

“漫教育”是指在宽松愉悦的氛围下，安静地、平和地陪伴孩子成长，这是成人用特有的内在秩序追随于儿童心智的发展。

“漫教育”有三层含义：

含义一：弥漫。教育应该是一种“爱”的弥漫。创设一种弥漫着“爱”的氛围，才是教育应有的一种状态；从幼儿园的环境到班级环境，处处呈现儿童为本的理念，我的教室、我的房间、我的家，以孩子们自主命名的家庭在幼儿园呈现，随处可见的温馨儿童化互动区域，会说话的墙壁课程随时回应孩子的“为什么”；伴随爱的环境流淌的是教师爱的言行，每天早晨孩子可以途经的每个区域都有温柔的“早上好”的回应，友好的微笑让师生间多了一些认同和默契，给予儿童支持是教师专业表达爱的最好诠释。台前的鼓励、背后的支持、默默的关注都是爱，只要在孩子需要你的时候悄然来到就是最好的；漫教育中倡导——被爱过的人才会爱别人，爱的流动很美好，教师和孩子既是爱的受益者，也是爱的创造者，我们在爱的环境和言行中，体会、领悟、感染，从而传递传播。这就是爱的弥漫。

含义二：浪漫。教育应该为一种与生活密切结合的“小清新”。浪漫是教育与生活密切结合而呈现出的一种状态。教师对所从事工作的认同与深度理解构成了工作中的自己，从初入职场到爱岗敬业，再到感受职业幸福感，需要的不仅是时间，还有职业指导，在弥漫着爱的环境中浸润，找到真实的自己，呈现真实的自己，再用自己的力量去诠释对幼儿教育的理解，在工作中寻找到生活中的状态，紧密地使生活与工作达到一致的平衡，这就是漫教育中对教师——浪漫的期待。

含义三：慢节奏。教育应该有一种“顺应规律”的节奏。缓慢并非停滞不前，而是顺应人的生长与发展的自然规律。教育本不是一件急匆匆的事情，而是一件师生相互牵手、漫步幽径的美好约会。如何回归幼儿园本应具有的淡定与从容，回归幼儿老师本来应该拥有的恬静和舒缓，是我们每位幼教工作者都应该深刻思考的问题。这种有节奏的慢对教师提出更高的要求，在这个喧嚣的世界让“心”安静下来很重要，只因为了孩子，因为只有平和的情绪、稳定的状态才能培养出“贵族气质的孩子”，这种贵族气质不是霸气、豪气，而是内敛、谦虚的“贵气”！我们都认同播种一种行为，你会收获一种习惯；培养一种习惯，你会收获一种性格；形成一种性格，你会收获一种命运的说法！

我们都希望孩子一生好运，这份好运就源于孩子有一个好性格，培养充满活力、能承担责任、富有创造力的孩子，成就孩子好性格。——精神贵族、贵族性格，这就是我们的培养目标。

二、以“趣课程”为载体实现体验式教育的落地

“玩”是孩子的天性，是孩子最喜欢的学习方式。所以，我们在课程建设时用孩子最喜欢、最合适的方法——“玩”来最终达成培养人的目标，这也是我园园本课程“趣课程”的构建基础。

“趣课程”的架构基于“漫教育”理念。“趣课程”是以情绪为主线，遵循“幼儿园一日生活皆课程”的原则，涵盖五大领域教育活动和培养目标，运用三种组织形式，即集体活动、走班活动和混龄活动来实现幼儿学习品质的塑造和提升。

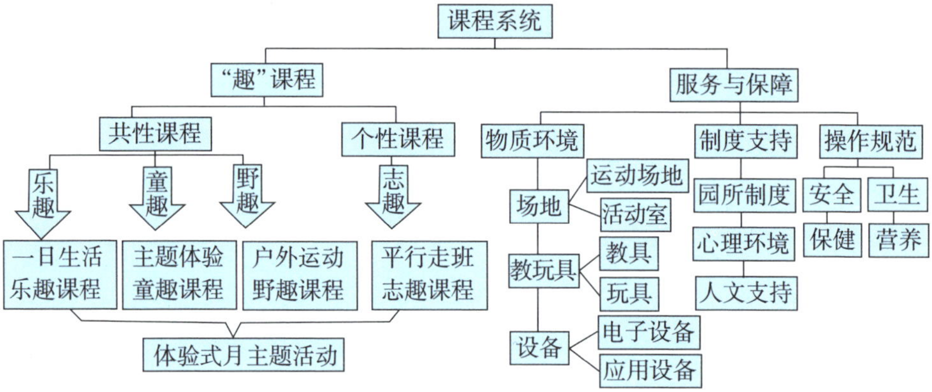

“趣课程”由共性课程和个性课程两部分组成

“漫教育”理念下的幼儿园教与学，并不是传统概念中单纯的教师进行知识讲解传授、幼儿接纳的过程，而是强调教师支持和引导，强调幼儿自主体验、自主学习的“自主体验式”教学形式，强调让幼儿园教学成为滋养儿童成长的肥沃土壤。所以，在实际课程实施、教学实践中，一方面，我们需要建立幼儿园课程的新视角，从原来的“以学科知识为中心”转向“以儿童为中心”；另一方面，我们需要倡导幼儿园教学的新立场，需要努力将幼儿园教学的立场从原来的“成人立场”转向“儿童立场”。

“漫教育”理念下“自主体验式教与学”关注的是儿童内在的体验与感受，

注重的是教师的支持与引导。在教学中，教师的教要建立在对儿童的观察、解读、理解的基础上，教学更加提倡儿童用自己的眼睛去观察，用自己的心灵去体验，用他们自己的方式去研究。

“漫教育”理念下的“趣课程”在教学落地的过程中，其教学内核为“体验式教育”。在具体的课程组织实施过程和教育教学中，我们把“体验式”作为一种孩子探寻新事物所特有的方法呈现，并根据大、中、小班不同年龄段幼儿身心发展特点和不同需要，将“体验式教育”分为三个时期，即“体验三段式”：

第一段：生活体验积累期（3 ~ 4 岁）。这个阶段的孩子对生活中的一切事物都感兴趣，我们就要借助孩子的这个特点，有意为孩子创设“可能性”，让孩子多看、多接触，重点增加他的“广度”。

第二段：生活体验反馈期（4 ~ 5 岁）。到了 4 岁左右时，孩子的语言能力提升，这时我们就要借助孩子此阶段的特点，引导孩子把“爱说”变成“有价值地说”，即回顾性复述，因为儿童的记忆是短时记忆占优势，瞬间的感受和经验一会儿就忘掉了，借助表达使其“缩水”，也可称之“强化”，这个阶段是个不断反复、提升能力的过程。

第三段：生活体验创造期（5 ~ 6 岁）。这时孩子进入了儿童期思维、动作最活跃的时期，孩子有各种各样的奇思妙想，这是孩子“创造的起步期”，这时孩子变得特别独立，什么事都乐意“我来”，他并不去想自己有没有这个能力，这也是我们常说的“初生牛犊不怕虎”，孩子 6 年的经验积累在这个时期充分爆发。所以，大班组织的活动要求密度、广度和深度都要更强，设计活动的难度应是多角度的，也对教师面对孩子时的灵活机敏和幽默风趣提出更高的要求。

“幼儿体验三段式”不是割裂、平行存在的，生活体验、体验反馈和体验创造这三个时期作用在孩子身上往往是交叉进行或同时出现的，在课程设计和实施中有所偏重，但对核心的“体验式教育”我们每一个教师都要纵向理解，灵活实施。

人的发展是一种量变与质变的同频变化。我们既需要关注和促进儿童在身体与认知等外显生长的量变，更要关注其心理与能力等内在成熟的质变。因此，“漫教育”理念下的课程总目标为：在尊重儿童的前提下，遵循孩子的发展规律，为幼儿创设“有趣”的环境、活动和游戏，引导幼儿运用体验式学习方式架构自己的核心经验，支持孩子成为悦玩、悦爱、悦言、悦思、悦创的“悦”宝贝。

教育的常态也是教育过程中起决定因素的坚实保障，所以我们会从管理、制度、课程、评价等多方面促使“教育常态化”，教育要取得好的结果，但不是只为结果，在教育的过程中我们的收获会更多！同时，学前教育是为人的终身发展打基础的，我们就必须把眼光放远，而不图一时之利，放大眼前利益是鼠目寸光的，我们应为孩子的一生发展提供最好的基础，即健康身体的基础和健康心智的基础。

其实，我们每一个有责任感的教育工作者，心中都有一个灯塔、一个方向，我们会朝着这个方向努力前行，在前行的路上收获属于自己的那份甜蜜和美好！

殷慧芳　安阳市人民大道小学

中小学高级教师，中原名师，河南省优秀教师，河南省教育厅学术技术带头人，河南省教师教育专家，河南省小学百名优秀班主任，安阳市优秀专业技术人才，主持、参与全国、省、市课题 8 项，多篇论文发表在国家级刊物上，独著、参编教育类书籍 23 本。

把好教材的“脉”，找准切入的点

——兼谈单元主题拓展阅读指导课的实践研究

一段时间以来，我和同事们一直力图在阅读教学实践研究中有所进步，有所突破。安阳市优质课大赛、安阳市小学语文阅读教学暨教研管理经验交流会在我校的召开，给了我们一次难得的机会。在比赛中，在会议现场，我力争通过《于细微处见精彩》一课的教学，将自己及团队老师们一段时间以来的思考及实践展示给大家。

几次试讲、讨论、研究、推倒重来之后，使我对“单元主题拓展阅读指导课”有了更深刻的认识。

一、拓展阅读，关注经典

我们学校语文教学通过研究确立的五种课型分别是：**单元主题导读课、集中识字归类课、单元主题拓展阅读指导课、单元作文指导课、语文综合实践课**。其中，小学中高年级的研究重在第三种课型——单元主题拓展阅读指导课。其实，这也是长期以来令语文教师们感觉难以取得较大突破的一种课型。一段时间的思考之后，我们开始尝试从以下方面改变：首先，单元导读简单化；其次，课文理解重点化；最后，单元主题拓展阅读指导系列化。

如果说先前我们所谓的“拓展”阅读，只是注重了量的多少，那么，注重对拓展内容的质的提升，注重情感线之外内容的拓展，就是这次活动带给我们认识上最大的收获。如果说原本我们只把“主题拓展阅读”当作一种理想，在一篇篇文章的教学中做尝试，那么，我们现在是真的开始在做“单元主题拓展阅读”了！这种尝试让我们教师的思想冲破已有认识的束缚，既走进书里去，又走出教材外，不在一篇文章中或一本语文书里打转转，而把眼光放到对学生影响更久远的经典之作上。

二、知行统一，反复实践

任何一项研究，思想认识上的到位是必需的，但仅仅认识到位是绝对不够的，必须落实到课堂教学实践中，一线老师最注重的、最需要的也正在于此。

第一次试讲，我讲的是《“精彩极了”与“糟糕透了”》，在上课伊始便推出了本单元配套阅读《走进书里去》中的19篇文章，请学生谈读后的体会；课中，抓住人物对话和一个关键词语“歧途”引导学生理解父母之爱，并创设情境引导学生听说训练，大胆展示；下课时又向学生推荐了史铁生的《我与地坛》、意大利著名作家亚米契斯的《爱的教育》、经典漫画《父与子》。老师们都觉得已经非常不错了，但市教研室的庄老师在评课时却说：“没有走出教材，仅是父母之爱，面太窄。”一句话，让我清醒了很多。

接下来的几次试教，有得有失，但“从整组教材中抓一个点，依据这个点，将学生的阅读视野引向课外，引向名家名篇”这一目标越来越明确，可如何具体落实，没有人能给出现成的答案。但每一次课上下来，都感觉我们看待问题的角度与深度在发生变化。

三、细读课标，追求常态

备课要先读大纲，这好比在前进的道路上找到一个正确的方向。了解本册课本在小学教材体系中的位置及要求，了解单元目标，继而再明确课时目标等。备课的过程，其实就是在“认准方向、明确目标”。对单元主题拓展阅读指导而言，这一点至关重要。如果我们只是把眼光放到一篇文章、一组文章里，所见就非常有限了。只有将立足点不断提升，才有可能使自己眺望远方，在正确的道路上大胆地迈步前行！

所以，备课时，一是要先备大环节，明确每一个环节的目的；二是提问题要准确，相信学生，没有他们解决不了的问题，如果孩子们感到无从下手，那只是教师的问题提得不适宜、不准确；三是心中装着学生，眼里有了学生，爱就会如影随形，自会精彩纷呈。

一节课，尤其是一节公开课，没有教师的精心设计是不可能的，但走到课堂上，仅凭教师的预测和提前准备也是注定不行的。它考验的是教师的教学机智，展现的是教师平日的积淀。课堂上，关注学生的理解，关心孩子的成长，追求生活化、常态化，这应该成为我们追求的一种境界。

四、扎实研究，提升品位

《于细微处见精彩》一课中，我通过六单元四篇文章中精彩的片段描写，先引导学生归纳、总结出人物细节描写的方法，认识人物细节描写的重要性，接着分别出示了《转弯处的回头》，让学生通过文中父亲拐弯时的一“瞟”，体会父爱如山般厚重；又结合本年级统一指定阅读的《城南旧事》，出示了文中小英子看金鱼一段文字，让学生体会作者观察的细致、描写的细腻；接下来出示的是著名散文家朱自清的《背影》一文中的片段，通过对比阅读，学生认识到作者抓住人物的动作，描写得细致才会感人至深，并借此机会推出他的另一篇文章《匆匆》；最后，我和孩子们一起欣赏了曹文轩的《草房子》中主要人物秃鹤的一段外貌描写，感受作者抓住特点描写人物的妙处。

接下来的环节，我引导学生从生活这部无字的大书里发现身边的感人细节，从自己阅读的书里找到人物细节描写的片段以加深理解和认识，使学生的视野在无形之中得到拓展，思想认识得到进一步提升。结尾处“走进经典文章，练就一双慧眼，关注生活细节，品味精彩人生”便是水到渠成了。

五、总结流程，促进发展

通过反复的磨课，最终的展示，大家进一步明确了单元主题拓展阅读指导课的目的：以课文为切入点，针对学生阅读中出现的问题，结合经典片段分析，最终教会学生们基本的阅读方法，培养学生的阅读能力，让经典为学生成长助力。了解了它的基本流程：结合所学课文，找准切入点——分析研究课例，学习读书方法——结合课文实例，掌握读书方法——分析经典片段，巩固读书方法——引入名著片段，激发读书愿望。尽管这只是一层薄薄的窗户纸，但它的捅破，需要付出，需要勇气，更需要有人去实践、研究。很庆幸我们在研究中进步，也很高兴地看到，我们的课堂教学在悄悄地发生改变。

第一，**对“单元主题拓展阅读指导课”的认识更明晰**。以前，更多的是理解为课外阅读的指导。现在，我们对课题的界定是：“单元主题拓展阅读指导课”是一种新型的语文课，是指以教科书为中心，根据教材的编排体系，围绕文本的单元，从单元主题、写作方法、时代背景等不同角度来重新定位并提取新的主题，通过教师指导，由课内到课外，把训练点落到实处，并逐渐掌握一定的阅读方法，以一篇带多篇，以精读带泛读，让经典著作走近学生。

第二，**注重发挥单元导读的作用，同时不让它成为教学的羁绊**。每单元教学开始前我都会用5分钟左右的时间，引导学生学习单元导读内容，并进行批画，让它起到明确目标的作用，在教学中做到心中有数、有所侧重。

第三，**摸索出了单元主题拓展阅读指导课基本模式**。如：“1+X”式——一课带多篇的辐射式教学法；“X+1”式——单元主题拓展阅读前置教学法；“X+Y”式——单元主题回顾拓展阅读教学法；同主题比较阅读——对比阅读教学法；整本书的阅读——整体拓展阅读指导法等。

第四，**每节课的教学中，从备课环节开始，注重了“1+X”模式的实践研究，使教学与研究同步，以研促教**。对其中“X”的含义，也有了更多的认识，它可以是一篇或几篇文章，也可以是一段或几段文字；可以是与教材相关的一组词语，也可以是一本书的推荐，甚至是几篇非连续性文本阅读材料。

第五，**更加注重了《同步拓展阅读课本》的使用，真正让它落到实处。按课或按单元阅读，利用阅读课进行交流、摘抄**。

实验班级的学生呈现出一种可喜的变化：学生中不读书的少了，爱读书的多了；不会读书的少了，阅读名著的多了。学生的学习方式也在潜移默化中发生改变，树立起了收集资料的意识，即使老师不布置读书作业也养成了习惯。课堂上，经常可以听到学生引经据典、结合课外阅读谈所得的体会和感受。这不，第六单元刚学完，孩子们的主题小报上，既可以看到“李白”“杜甫”等名家专题，也可以看到诗歌从《诗经》到汉乐府、《楚辞》的发展脉络，还有填空、选择、连线等形式多样的古诗词练习题。

两节连排的阅读课上，除去先前“静读”“分享”“摘抄”，开始融入有利于单元理解的相关影视作品。如与第七单元“人与动物”相配套的《鸟的迁徙》《帝企鹅日记》，即便是分享也由学生亲手制作。如《草房子》知识竞猜，《把栏杆拍遍》相关内容问答，学习完第六单元《轻叩诗歌的大门》之后的趣味巧对古诗句等。可以说，研究在改变我们的教学的同时，也在改变着孩子对语文、对课本的认识。

总之，**走进书里去，使我们把握住了教材的“脉”，领会了编者的意图，找准切入的点，走出教材外，走向名家经典，才能使我们在提升自己的认识的同时，带领学生看到更高远的天空。**

李国胜　河南省新乡市新区小学

中小学高级教师，中原名师，河南省教育厅学术技术带头人，河南师范大学硕士研究生校外指导教师，长期从事小学语文教学和研究工作，曾获河南省优质课比赛一等奖，先后承担近 10 项省市级科研课题研究工作。

多文本阅读教学设计，打通语文与生活的壁垒

——以《动静结合之妙》一课为例

语文即生活。当经典文本与生活打通，生活中有语文，语文里有生活，语文学习的意义与价值才会凸显。可是，在平时的阅读教学中，尤其是单篇精读式的文本教学中，师生的关注点却往往只集中在教材所呈现的单一文本之上，表现出文本与生活相脱离的状态。

进行多文本阅读教学设计时，我尝试由一篇文本引入一组文本，由文字形态的连续性文本引入图片、表格等非连续性文本。多样的文本呈现形式、丰富的文本内容、巧妙的课堂结构呈现，使得语文学习与生活发生了密切的联系，让孩子们从生活现象中感悟语文之理，用语文方法去阐释生活之妙。接下来我就以多文本阅读教学《动静结合之妙》一课为例加以阐述。

《动静结合之妙》是配合统编教材五年级上册第七单元设计的一个“1+X”多文本阅读课例。本组课文的语文要素为“初步体会景物的静态美和动态美”，这也是我确定的“议题”。根据统编教材的单元语文要素来确定“议题”，这也是“1+X”多文本阅读教学设计的基本思路和方法。在组文时，我把教材中王维的《山居秋暝》一课作为“1”，另外还增加了《瑞雪图》《绝句 · 两

个黄鹂鸣翠柳》《荷花》《鸟鸣涧》以及相关的图片等文本资源。在教学时，重点关注阅读与生活的联系，提升学生的言语实践能力。

一、游戏导入，从生活走进语文学习

教学片断一：

教师：同学们，今天我们来做一个“木头人”的游戏。游戏开始的时候，大家可以发挥想象力做出各种各样的动作来，当老师说“一，二，三，木头人”的时候，你就像是被施了魔法，瞬间变成一个木头人了。

（游戏过程略）

学生谈感受，教师总结：动和静，是我们生活中最常见的两种状态。今天，我们来上一节多文本阅读课，题目就叫《动静结合之妙》。

游戏是儿童很重要的生活内容之一，用游戏来导课，最受孩子们欢迎。同时，游戏也是儿童很重要的写作素材。用游戏来导课，实际上也为课后写作埋下了伏笔。

二、比较分析，从文本感悟动静结合

教学片断二：

教师：请同学们首先阅读手中的材料一《瑞雪图》和材料二《绝句·两个黄鹂鸣翠柳》。同学们要一边读，一边想象画面，看看你有什么发现？

学生1：我发现它们都写到了雪。

教师：你很细心，找到了它们的相同点。

学生2：《瑞雪图》描写的是冬天的景色；《绝句》描写的是春天的景色。

教师：你找到了它们的不同点，真不错！《绝句》中虽然也有雪，但那是西岭上千年不化的积雪。从“翠柳”可以看出的确写的是春景。

学生3：我发现两种景色的描写有一个共同点：既有动态描写，也有静态描写。

教师：太棒了！好的景物描写总是既有静态描写，又有动态描写，动静结合，相辅相成。它可以使文章更生动形象。请大家拿起笔来，用横线画出静态描写的句子，用波浪线画出动态描写的句子，再有感情地读一读，体会它们美在哪里。

……

多文本阅读，一个重要的方法就是“求同比异”。正是在比较中，孩子们的思维得到锻炼与提升。在教学的过程中，我通过设计一个开放性的问题——“你有什么发现？”来激活孩子们的思维。当孩子们将关注点聚焦到“动静结合”之上的时候，再不遗余力地肯定与赞赏，起到强调凸显的作用，并通过“画一画”“读一读”“品一品”，强化了对“议题”的探讨与研究。

三、勾连生活，由文本拓展言语实践

教学片断三：

教师：动静结合确实是写景的妙招。实际上，不仅如此，生活中的种种设计也都渗透着动静结合的理念。请同学们看这幅“园林图”，想一想，图中景物哪些可能是静态的，哪些可能是动态的？

学生1：房屋、连廊、假山、树木是静态的，池塘中的小鱼是动态的。

学生2：天空中的云也是动态的。

学生3：我觉得树木和花草，有时是静态的，有时是动态的。因为风一吹，它们就会随风舞蹈。

教师：真好！不光看到了静态的树木和花草，还想到了风吹花木摇，这就使得静态的事物转变成了动态的事物。在写作上，这是一种非常重要的手法，这种手法叫作“化静为动”。掌握了这种方法，你笔下的景物就会变得活灵活现。我们来看一段文章，试一试通过“化静为动”，在括号里填上相应的句子，实现景物描写的“动静结合”。

材料：我忽然觉得自己仿佛就是一朵荷花，穿着雪白的衣裳，站在阳光里。（　　）风过了，我停止舞蹈，静静地站在那儿。蜻蜓（　　），告诉我清早飞行的快乐。小鱼（　　），告诉我昨夜的好梦……

——叶圣陶《荷花》

“一图胜千言”。以图片来反映生活，比文字更直观。一张“园林图”，不仅轻而易举地帮助孩子们理解了“动静结合”，更让孩子们感悟到“化静为动”的设计之妙。再由生活转向文本，让孩子们在言语实践中去应用“化静为动”的方法，通过补白，强化语言的运用，提升语言应用能力。生活经验与语文学习就这样自然而然地融合在了一起，相互诠释，相辅相成。

四、深化感悟，用生活带动阅读体验

教学片断四：

教师：请大家看第一幅图，这是一个完全静止的画面，小桥静止不动，甚至桥下的流水也止步不前。请大家再看第二幅图，这是一个动图，我们给它取一个名字，叫“雪夜山寺图”，在这幅图中我们可以看到雪花纷纷扬扬地飘落。你觉得，哪幅图给你的感觉更安静呢？

学生1：我觉得第二幅图更安静，因为大雪封山，空无一人，所以更安静。

学生2：我也觉得第二幅图更安静，安静得仿佛都能听到雪花飘落的声音。

教师：这纷纷扬扬飘落的动态的雪花，却给了我们更加安静的感觉。在写作上，这叫作“以动衬静”。接下来我们要读的两首古诗，都是典型的“以动衬静”。材料四是我们课文中的一首古诗《山居秋暝》，材料五是诗人王维的另一首绝句《鸟鸣涧》。请大家结合注释，认真读读这两首诗，着重体会“以动衬静”的妙处。一会儿，我们来仔细地交流。

……

“以动衬静”是一种不太容易理解的手法。如果让孩子们凭空想象，他们很难进入诗词那静谧悠远的意境。这主要是因为孩子们缺乏相应的生活体验。为了突破这一教学难点，在设计时，我从生活引入，通过两张图的对比，唤醒学生的生活体验，然后再把这种体验迁移到两首诗的学习之中。实践证明，孩子们接受得快，掌握得好，取得了很好的教学效果。

通过“1+X”多文本设计，将教材中的一篇与课外的多篇结合了起来，将图片、视频等多种形式的文本与生活密切结合了起来。由生活走向文本，理解更加容易；由文本走向生活，运用更加自如。它打通了语文与生活的壁垒，让语文学习方法更加丰富，学习效果更加有效。

李慧转　平顶山市卫东区五条路小学校长

中小学高级教师，中原名师，被河南大学、陕西师范大学、河南师范大学、平顶山学院聘为学科专家；曾获得国家课改优秀教师、河南省优秀教师、平顶山市名校长、平顶山市专业技术拔尖人才等荣誉称号。

“和谐五环”的课堂教学设计

一、对以往课堂教学的反思

新课标提出，教学过程应在关注学生灵活运用基础知识和培养思维能力的同时，更注重学生核心素养的培养，切实发挥学生学习的自主性、协作性和创造性，培养学生的人文精神和健全人格。因此，我们所面临的不只是改变我们的课改实践，同时还需要通过对课堂教学设计的深入研究，通过整合与创造，形成既能揭示课堂教学实质，又能形成指导课堂教学改革实践的新理念和新模式，这就是我们尝试“和谐五环”课堂教学设计、打造有效课堂的目的。

二、“和谐五环”教学设计的解读

“和谐”：原指事物和现象各个方面完美的配合、协调和多元化的统一。心理学家认为，和谐是真善美的统一，是人和事物存在的最佳表现形态。“和谐课堂”就是“坚持以人为本，使教育的各因素相互依存、相互促进、协调合作，形成完美的教学生态，从而促进学生自我激励、自我成长、自我完善。”

“五环”即指教学的五个环节：导（主题引入）、学（互助探究）、练（分层提高）、结（回顾总结）、测（达标检测）。

三、“和谐五环”的教学流程

（一）导（主题引入）：2 分钟

意图：“兴趣是最好的老师”。学生有了浓厚的学习兴趣，就会产生求知的“内驱力”，获得学习上的自觉性。

策略：

1. 复习旧知。了解学生上节课学习情况，及时调整本堂课的学习策略和学习方式。

2. 情景导入。创设一定的教学情境，如：用故事、游戏等调动学生学习的兴趣，使他们能在愉悦、兴奋的情境中进行积极主动而又有创造性的学习。

3. 设计问题。即围绕教学任务设计问题，引导学生动脑思考，迸发出创新思维的火花，从而达到完成教学任务的目的。

（二）学（互助探究）：20 分钟

意图：这是一个师生互动、小组合作、层层深入、发现提高的环节，是培养学生创新精神和创新能力的实质性环节，更是一节课的关键环节。教师要引导学生通过互相协作和充分的讨论、交流，参与到对新知识的探索中来，而教师在此过程中主要充当组织、引导和调控的角色。

策略：

（1）根据教学内容和学生反映出的问题确定探讨主题及内容。

（2）合理分组。一般以 3 ~ 6 人为宜，遵循“同组异质”“异组同质”的原则分组，注重组员间的流动，使小组成员们能互帮互助，共同促进提高。组长要明确小组成员工作任务，展示原则是谁写的谁负责讲解，尽量做到脱稿，其他同学补充。展示时，注意好各组间的衔接。小组合作交流，要做到“三不”（不图形式，不设置无价值的问题，不是每节课必有的环节）。

（3）自主探究。学生明确探究任务后，将他们放在“学习主体”的位置上，赋予学生“讲”的权利、“练”的情趣，给他们充分展示自己才华的机会。教师要保护和尊重学生的参与热情，鼓励学生尤其是学习成绩一般的学生积极地参与活动。通过激励、引导学生大胆陈述自己的观点——赋予学生“体验自我”“走向成功”的机会，这不仅有助于开拓学生的知识视野、拓展学生的思维空间，更重要的是能激发学生对知识的探究兴趣，切实激活课堂。

例如在讲授一年级下册第 6 单元第 1 课时《两位数加一位数（进位）》时，具体的探究过程如下：

①计算 24+6，首先要拿多少根小棒呢？怎么样拿才能看着清晰呢？接下来要拿多少根小棒呢？

②同桌合作，借助学具操作一下。

③给大家讲一讲并演示一下你是怎么摆的？

④看课件回忆一下摆小棒的过程吧！（多媒体演示）

⑤仔细观察，原来有几捆小棒？现在呢？多出来的 1 捆小棒是从哪里来的？

⑥总结计算过程：把 24 分成 20 和 4，先算 4 和 6 相加得 10，再算 20 和 10 相加得 30。

⑦你能看着分解式，把 24+6 的计算过程再说一说吗？

⑧小结：计算 24+6 时，先算什么？再算什么？板书过程。

在整节课中，可以先让学生动手操作，明确两位数加一位数的计算过程，然后让学生去用数学语言口头表述自己的操作过程，强调 10 根小棒可以捆成一捆，然后通过课件回顾，用数学符号去表述计算过程，再利用计算过程抽象出具体的计算方法，循序渐进，遵循学生的学习规律。在这个过程中，也培养了学生的动手操作能力、语言表达能力、概括能力以及数学思维能力。

（4）点拨反馈。教师点拨时要做到“三讲三不讲”。“三讲”即核心问题精讲，思路方法精讲，疑点难点精讲；“三不讲”即学生已经掌握的内容不讲，不讲也会的不讲，讲了也不会的不讲。反馈时要注意：不重复展示；潜能生能展示的尽量不叫优等生展示，提倡对抗、辩论、质疑等动态展示方法，从而使他们达成共识，对新知得到更深刻的印象。

（5）激励评价。及时有效的评价能为教师提供课堂反馈，便于教师有效地利用这些信息，采用适当的教学手段，使教与学形成良性循环。评价的形式要多样，可分为肯定性评价、反诘性评价、比较性评价、期望性评价等。

（三）练（分层提高）：10 分钟

意图：巩固新学知识，培养学习技能；暴露问题和差异，及时查缺补漏；调整教师教学，增强针对性。引导学生把所学知识转化为解决实际问题的能力，收到触类旁通、举一反三的效果。

策略：

（1）紧扣新学的“知识点”展开，及时强化巩固新学的知识。练习题的设计还要低起点、多层次、循序渐进，满足所有学生不同层次的需要。

（2）教师应及时点评纠错，更多地关注学习成绩一般的学生。

（3）课堂练习要形式灵活，充分激发学生的学习兴趣。教师在设计时，可以根据教学目标挖掘习题本身的内在力量，开展口头练习、书面练习、实践练习等，真正做到让每一个学生动起来，让“思维”活起来，让思想飞起来。

（四）结（回顾总结）：3 分钟

意图：回顾总结是整个课堂教学的有机组成部分，画龙点睛的课堂小结，对于帮助学生清理脉络、明确重点、加深记忆、巩固知识、活跃思维、发展兴趣、理解内容思想及掌握好的学习方法具有重要作用。

策略：

（1）板书图表式。板书图表式是一种更为直观的总结方式，用几条线把所学内容结构连起来，直观形象。

（2）图表式小结使知识点更清晰，耳目并用，印象更为深刻。

（3）归纳总结式。是简单常用的一种方式，总结时教师用简洁的语言把本节内容重点整理归纳，让学生在大脑中信息编码，把零碎的知识点归属在一起。

（4）师生互动式。小结时师生共同总结，学生之间、师生之间可以相互补充，交流体验，沟通感情，提高学习兴趣。

（5）反馈式自评。根据所学知识，检测反馈。检测后要及时评价，让学生找出不足之处，并阐明原因。

无论哪一种方法，在总结中都要加入情感态度的因素，要根据不同的内容适时地进行德育、情感渗透，合理实施评价语言，在学生智育发展的同时让学生形成美好的情感态度和心灵品格。

（五）测（达标检测）：5 分钟

意图：达标检测可以使学生在检测中找出自己学习上的不足并及时纠正，教师既要重视检测题的设计，又要重视对学生检测过程的检查和反思，才能检测出教学效果，从而实现课堂的高效。

策略：

（1）依据重难点设计测试题，可以分为必做题、选做题和思考题等类型。可以用小黑板、纸质、多媒体等多种方式呈现。

（2）检测时要让学生独立完成，教师不提供任何形式的指导，学生之间也不允许进行讨论。培养独立思考，快速解题的好习惯。教师要及时巡视，观察不同层次学生的掌握情况。教师可根据错误的原因确定课后辅导的重难点和方法。

（3）从达标检测的结果中，让学生反思自己哪些地方没有掌握好、错误的原因是什么、下次要注意什么等，课后针对学生出错的共性和个性问题教师认真反思，为有效教学打下坚实的每一步基础。

通过探究实践，“和谐五环”教学设计在不同学科中的实施效果明显，课堂教学不仅调动了学生学习的积极性，培养了学生的核心素养，而且提高了广大教师对新课程改革的认识，使实施素质教育的要求落到了实处。

周素娟　巩义市子美外国语小学党支部书记、校长

中小学高级教师，中原名师，特级教师，教育部师范类专业评估专家，河南省优秀教师，河南省名师，河南省名校长，河南省教师教育专家，河南省教育厅学术技术带头人，河南省家庭教育专家。

全程思维，让阅读教学有章可循

众所周知，阅读教学的核心任务是：提高学生的思维水平，提升学生的文本理解力，培养学生的自主阅读能力。然而，这些目标的达成绝非朝夕之功，需要在一节又一节的语文课堂教学实践中，在教与学有目标交互作用中，在一次又一次品读、感悟、交流、对话中，在教与学有机性的互动生成的过程中逐步实现。

基于这样的理解，在多年阅读教学实践研究的基础上，我们提出了“全程思维”的阅读教学理念，根据教学内容及学生的学情进行有章法的教学设计，给学生呈现出一个阅读思维的全过程，让学生在教与学的交互中，在长期的阅读实践中逐步养成这种阅读思维习惯，逐步提升思维水平、文本理解力和自主阅读能力。

“全程思维”理念下的阅读教学，按照教学过程的展开逻辑，可以概括为以下基本思维流程：抓文眼解课题——理文脉明思路——品语言悟文义——重归纳促生成——巧迁移活运用。

一、抓文眼解课题

看到文章题目，即做如下思考：这是一篇写什么的文章？养成审题、辨题的习惯。既可以根据题目猜测文体，然后选择相应的阅读策略；也可以抓住题目中的关键词，也就是文眼（题眼），猜测文章的重点、主角抑或展开线索，等等。当然，还可以由题目出发，质疑思考，生发出想要探究的问题：是什么？为什么？怎么样？……

二、理文脉明思路

初读课文，整体感知课文内容，了解课文大意，理清文章脉络。思考：文章是按照怎样的思路展开的？训练学生全程思维以及整体把握课文内容的能力，有意识地培养学生的整体思维意识。篇幅较长的文章，可以指导学生先归纳段落大意，然后用段意相加的方法，概括文章内容。

如果是写人的文章，要思考：文章是抓住人物的哪几个方面（外貌、语言、动作、心理活动等）来写的？如果是写事的文章，要思考：文章是按照怎样的顺序来写的，是顺叙、倒叙，还是插叙？如果是写景的文章，要思考：文章是按空间方位变换的顺序，还是依据时间推移转换的顺序来描写景物的？……

三、品语言悟文义

在了解文章大意、理清文章脉络的基础上，指导学生聚焦文章重点段落，抓住关键词句、语段，深入阅读，品悟思考：文章的语言文字有什么特点？作者是如何运用语言文字突出文章重点的？作者用了哪些词语？哪些描写？哪些修辞方法？作者为什么这样写？还可以怎样写？作者有怎样的思维方式与品质？作品中人物有怎样的思维方式与品质？……可以通过“圈、画、批注”的方法强化训练学生的自主阅读能力，培养学生自主阅读、自主思考的习惯。

四、重归纳促生成

学习了这篇课文之后，有什么新的收获？懂得了什么道理？对自己有什么警示意义？抑或作者的思维方式与品质、作品中人物的思维方式与品质对自己有什么启发？引导学生从思想、思维、语言三个方面进行总结、反思。尤其是课堂教学过程中交互生成的，对发展学生思维特别有价值的信息与资源，教师要有意识地点拨、利用，以点燃、助推、促进课堂新的生成。这个过程不容忽视，在日复一日的课堂教学实践中，学生的自主归纳、自主总结、自主反思以及批判性思维等习惯，会逐步养成。

五、巧迁移活运用

结合本节课学习所得，根据文章特点，结合学段目标与学生的学情，确定需要强化的训练点，设计相应的练习、巩固与积累，巧妙迁移，灵活运用。

如：有感情地朗读或背诵文章中精彩的描写；复述文中的事件或者故事；查询资料解开心中疑惑；模仿文章谋篇布局或者文章的某一部分，进行仿写练习；根据文章情节或者是人物的性格、思维方式与品质，展开合理的想象，进行续写练习；推荐阅读同类文章，或者拓展阅读整本书；等等。有意识地培养学生关联融通、拓展延伸的思维方式，训练全程思维。

以上阐释的是“全程思维”理念下的阅读教学的全过程，实际操作中不一定面面俱到，一成不变。教师可以根据学生年级高低、学情差异、文体不同、文章长短、课堂生成等具体情况，做出相应的取舍与调整，灵活安排，最大限度地启迪学生思维，训练学生的思考力与学习力。但无论做出怎样的取舍与调整，都要关注整体思维、全程思维意识的培养，帮助学生在语文学习过程中建立整体思维、全程思维的意识。

《义务教育语文课程标准（2011 版）》明确指出：鼓励学生个性化地解读文本，鼓励学生对文本进行多层面多角度的思考与理解。如何将这一目标落到实处？为此，我们提出了对文本进行“三次批注”的实践策略，指导和训练学生多层面理解与体悟文本的方法，帮助学生形成对文本多层面多角度的理解。具体实践策略如下：①初读文本，整体感知，了解课文大意，理清文章思路，完成“第一次批注”（重在理清文章思路）；②聚焦文章重点词句、段落，深入阅读，思考品悟，完成“第二次批注”（重在品悟关键词、句、段）；③将师生、学生交流互动中生成的新理解、新体悟及时记录下来，批注在语段的旁侧，完成“第三次批注”（重在记录交互中生发出的新理解、新感悟）。

需要强调的是，在语文课堂教学过程中，教师要指导学生学会并养成“三次批注”的习惯。在师生、学生交流互动过程中，要时时提醒学生“圈、画、批注”，有意识地培养学生认真倾听、处处留心、整合归纳的习惯，进而养成良好的自主阅读、自主思考的习惯，不断强化学生多层面多角度理解文本的能力。

回顾“全程思维”理念下的阅读教学全过程，其基本的思路是：先进行整体思考，再进行部分思考，最后再回归到整体思考。只有沿着这样的全程思维路径，才能有效地指导学生对文本进行多层次的思考，实现学生对文本多层次的理解，也只有依据这样的全程思维的逻辑，我们的语文课堂教学才会有章可循，扎实有效。

郑美玲　郑州外国语学校

中小学正高级教师，“中原千人计划”领军人才，中原名师，全国巾帼标兵，全国师范类专业认证专家，河南省中小学幼儿园教师培训专家，河南省教师教育专家，河南省五一劳动奖章获得者，河南省教育厅学术技术带头人，河南最美教师，2019 年“感动中原”十大年度人物。

基于高阶思维的教学设计

随着社会的发展，我们对所需具备的发展能力也越来越广泛，包括创新、决策、批判性思维、团队协作、兼容、获取各种知识的能力、可持续发展能力等。所以，教学必须要让学生学会思考、学会怀疑、学会判断，而不是停留在教给学生现成的结论或答案的层面。要使他们即便不成为科学家，也能通过自己的高阶思维，提高生活的品位。

同时，社会也需要拥有高阶思维的终身学习者，他们有能力分析各种情况，能批判性思考和创造性地解决问题，能推动社会的发展。教育部提出“提高命题质量，减少单纯记忆、机械训练性质的内容，增加与学生生活、社会实际的联系，注重考查学生综合运用所用知识分析问题和解决问题的能力”。这更是对高阶思维能力考试的明确信号。

那么，什么是高阶思维？

美国教育家布卢姆及其后人按认知的复杂程度，将思维过程具体化为六个教学目标，由低到高包括记忆、理解、应用、分析、评价、创造。其中，分析、评价、创造通常被称为高阶思维。

如何理解这三个目标呢？

分析：指能分析所学内容的结构。把复杂的整体材料分解为组成部分，并理解各部分之间的联系的能力。例如，分析数学定理所给出的条件和结论；分析英语中复合句的构成成分；分析记叙文构成要素等。

评价：指能依据标准对所学内容进行价值判断。例如，能判断自己所证明的几何题目的正确性；能看出一种解答存在的问题。

创造：将要素组成内在一致的整体或功能性整体，将要素重新组织成新的模型或结构。它强调的是创造能力，需要产生新的模式或结构。例如：为完成某一任务设计程序；发明一个产品。

记忆、理解、应用三种认知过程，它们与特定知识直接关联，强调准确、规范，可称为“刚性过程”；分析、评价、创造三种认知过程，不仅可以整合各种知识，而且可以促进记忆、理解、应用，强调灵活、实用，可称为“柔性过程”。显然，柔性过程是更高水平的认知过程，对应于过程与方法目标。

如何在课堂中培养设计高阶思维呢？

第一，教师要设计高阶问题。第二，学生要有思考的时间和机会，并且能利用自己的知识储备对外部信息进行选择、加工和处理。第三，要给学生搭建训练思维的平台。如提供不同学生的多元化的观点，使学生通过争辩培养分析、评价能力；给学生讨论的时机，以便促进相互之间的理解与思维碰撞；提供高阶思维的素材等。第四，学生要开展小组合作互动式学习。第五，常见的有效的培养高阶思维的手段：将事物分类；通过观察和分析，归纳出一般结论；通过给定的原理，推断出未知；发现别人的错误；点评思路；辩论；改编题目或文本。

下面以《庄子与惠子游于濠梁之上》一课为例来进行说明：

《庄子与惠子游于濠梁之上》教学设计

一、【积累常识】

学习活动：观看有关“名家”视频，积累常识。

1. 出示问题并观看视频：① ____家？什么叫____？②何为名？巅峰杠精是？

2. 学生发言明确：

①名家，以辩论名实为核心的流派。

②名就是事物名称，实就是名所指的事物。

名：名称　实：实质 / 内容　事物及其概念的异同关系

代表人物是惠施、公孙龙。

惠子，名施，战国中期宋国人。政治家、哲学家，名家开山鼻祖、主要代表人物。名家学派，战国时以辩论名实问题为中心的一个学派，西汉称“名家”。

二、【自学检测】

学习任务群：①背诵课文。②解释词语。③翻译句子。

1. 检测反馈。个别和整体检查背诵课文、书下注释。

2. 自学质疑。小组学习自行翻译中，遇到不能独立翻译的板书，由会的同学到讲台上讲解。

3. 反馈效果。学生合作，独立互相翻译并评价。

4. 出示译文，自选薄弱点记笔记。

译文：①庄子和惠子在濠水的桥上游玩。②庄子说：“白鱼在河水中游得多么悠闲自得，这是鱼的快乐啊。”③惠子说：“你不是鱼，怎么知道鱼的快乐？”④庄子说：“你不是我，怎么知道我不知道鱼的快乐？”⑤惠子说：“我不是你，固然不知道你；你本来就不是鱼，你不知道鱼的快乐，是完全可以肯定的了！”⑥庄子说：“请追溯话题本原。⑦你说：‘你哪儿知道鱼快乐’的话，说明你已经知道我知道鱼快乐而在问我。我是在濠水的桥上知道的。”

三、【文言积累】

学生活动：巧编练习，一字多义。“固”“全”在文言文中的意思知多少？

1. 学生自主构建知识体系。

2. 小组合作，展示明确反馈。

固：

①汝心之固固不可彻　（顽固）

②固国不以山溪之险　（巩固）

③吾义固不杀人　（坚决）

④我非子，固不知子矣　（固然）

⑤人固有一死　（本来）

全：

①全石以为底　（整个）

②苟全性命于乱世　（保全）

③而全在我少年　（完全）

四、【审辨故事】

学习任务：

①白话版或文言版角色表演。要求：体会人物说话时的心理和情感，读出相应的语气。

②庄子赢了，是真的吗？审辨阅读角度：故事；逻辑。

1. 小组互分角色后，全班展示课本剧表演。学生评价。

2. 审辨训练。

学生提供审辨维度：①故事：内容、出处。②逻辑：逻辑判断规则。

3. 学生发言，学生点评后明确：

庄子：偷换概念，转换话题。抓住安的多义：既有“怎样”“如何”，也有“哪里”。惠子本意是问如何知道，庄子故意理解为哪里知道，于是回答“我知之濠上也”。

惠子：以退为进，承认“我非子，固不知子矣”，进而又以子之矛攻子之盾，以“子固非鱼也，子之不知鱼之乐，全矣”，把庄子逼到更被动的地步。

五、【改说故事】

1. 引导：庄子知道“鱼之乐”，是真的吗？

2. 学生发言后明确：庄子认为鱼“乐”，其实是他愉悦心境的投射与外化。庄子推崇“自然”，“鱼之乐”符合理想。

3. 学习任务：庄子该怎样回敬？改写故事，让庄子不是偷换概念而是基于符合逻辑判断规则来回复惠子的提问。

惠子：“子非鱼，安知鱼之乐？”

庄子：______________________________

4. 学生发言后分析明确："子非鱼，安知鱼之乐？"暗含惠子能够知道庄子"非鱼"。所以庄子可以"以其人之道还治其人之身"。

出示：庄子："你既然可以知道我不是鱼，我当然也可以知道鱼快乐。"

六、【展读故事】

1. 出示：惠子是庄子的至交好友，是真的吗？

·阅读庄子惠子往事之——《惠子相梁》

惠子相 (xiàng) 梁，庄子往见之。或谓惠子曰："庄子来，欲代子相。"于是惠子恐，搜于国中三日三夜。庄子往见之，曰："南方有鸟，其名为鹓雏（yuān chú）（凤凰），子知之乎？夫（fú）鹓雏发于南海，而飞于北海；非梧桐不止，非练实不食，非醴（lǐ）（甜）泉不饮。于是鸱 (chī)（猫头鹰）得腐鼠，鹓雏过之，仰而视之曰：'吓（hè）！'今子欲以子之梁国而吓我邪（yé）？"

·阅读庄子惠子往事之——《庄子送葬》

庄子送葬，过惠子之墓，顾谓从者曰："郢人垩①慢②其鼻端，若③蝇翼，使匠石（名为石的巧匠）斫④（zhuó）之。匠石运⑤斤（fǔ）成风，听而斫之，尽⑥垩而鼻不伤，郢人立不失容。宋元君闻之，召匠石曰：'尝试为寡人为之。'匠石曰：'臣则尝能斫之。虽然⑦，臣之质⑧死久矣。'自夫子之死也，吾无以为质矣！吾无与言之矣。"

注释：①垩（è）：石灰（一说白色的土）。 ②慢：通"墁"，玷污。③若：像。 ④斫：砍，削，清除。 ⑤运：挥动。斤（fǔ），斧头。 ⑥尽：使……干净。 ⑦虽然：即使如此。 ⑧质：对手。

2. 思考：庄子以匠石的故事表达了________的心情；慨叹________。

3. 明确：深切怀念老友

惠子死后就没有可以谈话的知己了；知音难求。

七、【布置作业】

改创故事：这个故事假使是惠子后人写的，那一定是惠子赢了。请重新构建创编故事，让惠子最后赢得辩论。

丁桃红　濮阳市第五中学

中小学正高级教师，“中原千人计划”领军人才，中原名师，河南省劳动模范，河南省特级教师，国家级优质课一等奖获得者，河南省教师教育专家，濮阳市初中数学兼职教研员。2003 年至今一直参与教师培训工作，著有《教师培训十五讲》。

课堂设计，让课堂更高效

作为一线教师，我走进过很多课堂，也接触过许多教师，听过很多常态课、公开课、优质课，感知到站在不同课堂上的不同教师专业水平的差距，深知教学设计对教学效果有着举足轻重的影响。

为了做好教学设计，让课堂更高效，我们工作室团队对 5624 名教师和 58 406 名学生进行了问卷调查。

调查发现，大部分教师虽然参与了高层次的培训，但他们不习惯把培训的理论应用到教学实践中来。他们仍然每天做着重复、缺乏创意的工作，他们的思维长期被限定在知识的传授和解题方法上，很难对教学内容背后的目的，以及教学活动在学生身上产生的实际效果进行全面透彻的了解、分析和研究，导致他们的思维品质始终在低层次徘徊。

对学生的调查数据发现，大部分学生学习的被动性强，课堂参与度较低，成了课堂的“听客”和“看客”；课堂目标达成度很低。

为有效解决上述问题，我们工作室 2019 年就以“革新教学设计，让课堂更高效”为目标，改良原有的教学设计模式。

改良后的教学模式分以下七部分：

一、内容解析

“内容解析”部分共三段。第一段整体把握本节内容，解读本节在新课程标准中的要求；第二段分析本节课以前学过的相关内容，进一步从知识和思想方法两方面分析与本节课的联系；第三段简述本节课的设计思路，将数学核心素养落实到具体课堂教学中来，并分析对后面相关内容或高中数学的影响。这一部分放在课例的最前面，旨在帮助教师精准把握课标，理清教材编排思路，从而使教师能够站得更高、更准。

二、知识关联

为了形象直观地表示本节课内容的前后关联，这个环节采用了思维导图的方式，将知识系统化、直观化。如下图所示。

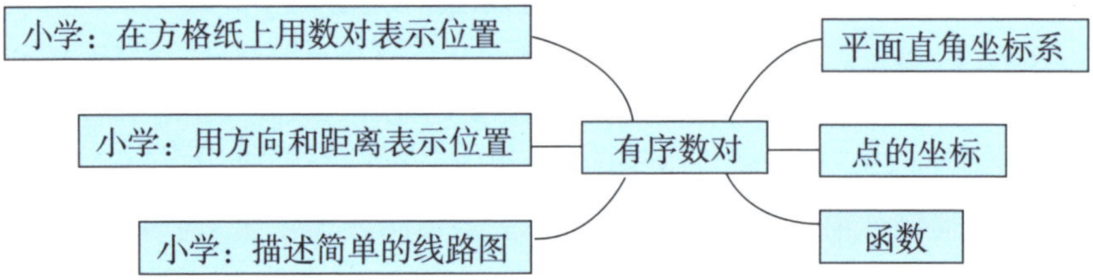

三、学习目标

将“教学目标”改为“学习目标”，一字之差，旨在说明教师和学生是学习的共同体。课堂上老师和学生分别有自己要学习的内容和目标。教学设计既要关注学生“学”的质量，还要关注教师“教”的效果。

四、新知

“新知”顾名思义是学习新知识的环节。任何知识的学习不单是通过“教”而获得的，通过“活动”习得新知更符合初中学生的心理特点。本文中所说的“新知”环节是以活动为主线，将知识的学习设计成一个个的活动，让学生在活动中掌握知识，提升能力和素养。

五、引课

引课采用生活中的实际例子，给学生新鲜感，让学生通过引课感知：数学来源于生活，又服务于生活，数学知识可以解决很多生活中的难题。

六、练习与作业

分层设计练习和作业题，让不同的学生都能有所收获，有所提升。分三个星级设计试题，递进排列，数量有所控制，一般不多于6道试题。一个星表示基础题，两个星表示中等题，三个星表示有难度的题，必须设计一星、二星这两个层次的题，三星的题需要与否视情况而定。

七、微视频讲解

静态的东西与动态的东西带给人的感受是不同的。相比而言，动态的课堂更能引发人的思考，更能激发人交流的欲望。倡导老师们利用智能手机、浓缩教学内容，每节课拍下关键的5分钟视频，方便学生课下学习和复习，巩固课堂所学内容。

这样的教学设计形式，才能激活教师的专业创造力，才能激发学生的学习内动力，才能让人思考，才能提高课堂的效率。

司德平 郑州外国语学校副校长、管城区教育局局长助理、管城区科协副主席

河南省首批中小学正高级教师，三级教授，国家“万人计划”教学名师候选人，“中原千人计划”领军人才，河南省学术技术带头人，中原名师，河南大学硕导，郑州市政府特殊津贴专家，郑州市首批高层次人才，郑州市首届十大杰出教师，郑州市专业技术拔尖人才。

基于学科核心素养与疫情防控的初中物理作业设计

疫情就是命令，防控就是责任。面对新冠肺炎疫情与中小学 2020 年春季学期延期开学，为了落实教育部利用网络平台“停课不停教、不停学”的号召，各地积极开展线上教学与教研。停课不停研，基于学科核心素养与疫情防控有机结合，我们尝试进行了初中物理作业设计，特予以分享和交流。

一、设计原则

（一）出发点：把疫情当教材

生活即教育，面对没有硝烟的新冠肺炎疫情阻击战，把灾难当课程，把疫情当教材，把社会当课堂，与祖国共成长。让学生学会做人，学会担责，学会自律，学会敬畏。敬畏自然，敬畏真理，敬畏生命，敬畏规则。面对全球抗疫，弘扬中国精神，凝聚中国力量，贡献中国智慧，构建人类命运共同体。因此，在作业设计中，挖掘、提炼疫情防控中相关的物理元素，对学生开展生命教育、科学教育、道德教育和爱国教育，让学生从战胜疫情中汲取成长的正能量。

（二）聚焦点：学科核心素养与疫情防控有机结合

教育部颁布的《普通高中物理课程标准（2017 版）》指出，贴近学生的思想、学习、生活实际，关注信息化环境的教学改革，关注学生个性化、多样化的学习和发展需求，促进人才培养模式的转变，着力发展学生的学科核心素养。在教学条件和交流空间变化的疫情下，基于互联网 + 教学，物理作业设计可以把“物理观念”“科学思维”“科学探究”“科学态度与责任”与疫情防控中的物理素材进行有机结合，践行“从生活走向物理，从物理走向社会”和“科学・技术・社会・环境（STSE）教育”的新课改理念。

（三）落脚点：培育学生学科核心素养

学科核心素养是学科育人价值的集中体现，是学生通过学科学习而逐步形成的正确价值观念、必备品格和关键能力。中学物理教学帮助学生从物理学的视角认识自然，理解自然，体会科学研究方法，养成科学思维习惯，认识科学本质，并在认识科学・技术・社会・环境关系的基础上，逐渐形成探索自然的内在动力，严谨认真、实事求是和持之以恒的科学态度，以及遵守道德规范，保护环境并推动可持续发展的责任感。因此，基于学科核心素养与疫情防控的物理作业设计，有助于学生形成科学态度、科学世界观和正确的价值观，成为有社会责任感的公民。

二、设计示例

（一）疫情报告

在新冠肺炎防控活动中，为了及时、准确地把湖北省疫情上报国家卫健委，采用了通过光缆发送电子邮件的方法。若光缆传播光信号的速度是 2×10^8 m/s，武汉到北京的光缆线路长度约为 1200 km，则从武汉向北京发出的疫情报告，经______s 就可以收到。

（二）疫情防控

在新冠肺炎防控期间，医护人员必须穿着厚厚的防护服、戴上口罩和眼罩，眼罩的玻璃片常常模糊不清，这是由于水蒸气的______（填“物态变化”名称）现象而形成的；科研工作者日夜奋战在研究病毒的特殊实验室——负压实验室（即室内气压低于室外），人就像在高原上一样难受，但是这样可以防止病毒扩散，因而安全性很好。若在这种房间里烧水，水的沸点会______100℃，所以煮饭应采用______。

学校在新冠肺炎防控期间，要求每位同学“晨检”测体温，九（1）班值日生张明同学用同一只体温计正确测出甲同学的体温为 36.5℃，插入消毒液后擦干又分别测了乙、丙、丁三位同学的体温，读数正确，记录如下：①甲同学 36.5℃，②乙同学 36.5℃，③丙同学 37.1℃，④丁同学 37.1℃，请你判定上述情况中可能不准确的体温记录是（　　）

A. ②和④　　B. ③和④　　C. ①和②　　D. ②和③

（三）防疫隔离

有两个新冠肺炎病人，被分别隔离在某医院的两个单独病房中，为了方便患者和医护人员联系，请根据下列要求，利用所给的器材设计一个电路，画出电路图。

要求：甲病人闭合开关，红灯亮电铃响。乙病人闭合开关，绿灯亮电铃响。

（四）综合应用

为了预防新冠肺炎的交叉感染，全国首个测温 5G 警用巡逻机器人在广州黄埔诞生，这款测温 5G 警用巡逻机器人有 5 个高清摄像头，可实现全景无死角巡逻。机器人上的摄像头相当于一个____透镜，它的成像原理和我们生活中的（选填“照相机”“幻灯机”“放大镜”）的成像原理相同，当无人机上升时，须______（选填“增大”或“减小”）镜头与感光晶片间的距离，才能拍摄到清晰的画面。

李海军　河南省开封高级中学

中小学正高级教师，教育部首届中小学领航名师，中原名师，河南省特级教师，河南省优秀教师，东北师范大学、河南大学教育硕士指导教师，全国高中数学联赛优秀教练员，河南省基础教研室教学研究中心高中数学中心组成员。

基于学科本质的课堂教学设计探究

自2014年，“核心素养”首次出现在《教育部关于全面深化课程改革　落实立德树人根本任务的意见》中，2016年中国学生发展核心素养总体框架正式发布，2017年底《普通高中课程标准》的出版为新课改的开展指明了方向。本次课改就是为了更好地解决“为谁培养人、培养什么样的人、如何培养人”的问题，课改的目标就是使得核心素养在学生的培养过程中能够落地生根；而课改的落脚点就是课堂教学，所以课改是否成功关键在于课堂教学是否成功。

课堂教学过程主要是师生、生生以及生本之间的活动的有序开展；而这些活动能否顺利开展，关键要看课堂教学环节如何设计，而教学设计是基于教师的教育观、学科观、学科教育观等核心理念而进行的。因此，教师的核心理念及学科专业素养对教学设计起着决定性的作用。下面以高中数学学科为例对教学设计进行探讨。

一、教学目标是教学设计的出发点和落脚点

我们知道，教什么永远要比怎么教重要，也即是说，确定教学目标是进行教学设计的首要任务。从以前的三维目标到现在的学科核心素养，对于同一节教学内容，由于不同教师对课程标准理解程度的差异，自身教育观、学科教学观、

学科专业能力的不同导致不同教师所确定的教学目标会有所不同。因此，根据学情，怎样合理地确定我们的教学目标，在课堂教学中将学科的思想方法显化，进而培养学生的学科核心素养是值得我们探讨的一个重要话题。学科核心素养是本次新课程改革提出的核心概念，而对学生学科核心素养的培养绝不是某一节课所能达到的，是随着整个学科教学逐步开展而进行的。因此，某节课的教学目标应该是在单元目标或者是在某个模块总的目标性下设立的。

如高中数学中函数概念的教学目标，首先新课标的目标是：了解函数概念的发展过程，从对应的角度形成函数的概念，理解函数概念。那么我们如何从数学的角度来理解函数的概念？如何理解用对应观点引入函数概念的必要性？这个概念的形成过程主要培养学生的哪些核心素养？我们如何在教学过程中显化其中蕴含的数学思想方法？如果我们带着这些问题来进行教学设计，我想整个教学过程就会紧密围绕我们的教学目标，而不会偏离我们的出发点和落脚点。

实质上，数学从根本上来讲就是研究概念、关系、性质的一门学科。函数的概念就是数学研究对象（集合）的又一种特殊关系。所以说，教学设计是在确定教学目标的基础上而进行整体设计的，明确本节课的教学目标是进行教学设计的前提和基础。

二、教学设计要突出学科特征，揭示学科本质

每一个学科都有各自独特的学科特征，教学设计抓住了学科特征，就抓住了学科本质，从而抓住了学科教学的核心。所以基于学科本质的教学设计是走向核心素养的必然要求。学科核心素养来自学科知识，没有不蕴含学科思想方法的知识，也没有脱离知识而孤立存在的学科思想方法，而实质上学科核心素养来自学科知识所蕴含的学科思想方法，因此从这个角度来说，基于学科本质的教学就是基于学科思想方法的教学；另外，学科思想方法的核心是学科思维，所以基于学科本质的教学设计也就是基于学科思维的教学设计。

根据这一认识，我认为，**基于学科本质的教学设计要处理好以下关系：一是处理好学科知识与学科思想方法的关系，二是处理好学科知识与学科思维之间的关系，三是处理好教学内容与学生学情的关系。**也就是说在知识的传递过程中要及时渗透学科思想和培养学生的学科思维，从而提升学生的学科核心素养。

如高中数学对“直线倾斜角”概念的引入，直线的倾斜角是刻画直线方向的一个几何量，是揭示直线这个几何图形独特性质的几何量，而直线的斜率是刻画直线倾斜程度的代数量。从数学发展史来讲，是先有直线方程，在研究直线方程系数的过程中，给出了倾斜角的概念，因此，在不同版本的教材中，出现了两种不同的呈现顺序，教师在教学设计时，可根据学情和本节教学内容，合理地进行教学设计，揭示直线倾斜角与斜率的本质内涵，阐释引入直线倾斜角与斜率的可能性和必要性，培养学生直观想象、数学抽象的核心素养。

三、教学设计要把握的几种关系

在我们确定了教学目标，明确了教学内容后，下面就是进行教学设计。教学过程的设计就是阐述怎么教，时代的发展需要每一位教育工作者重新审视教与学的关系，无论是先教后学，还是先学后教，学都是教的出发点和落脚点，教学的重心在于学而不在于教，教学环节的设计要围绕着学生学什么、如何学来组织、设计和开展；基于学生学的教学设计不仅是教学本质的体现，而且还是落实新课改、培养学生核心素养的必然要求。所以，我们一线教师要重构教与学的关系，要始终明白“教是围绕学来服务的”。我认为教学设计需注意如下一些基本问题：

（一）教学设计应注意与教学方式相呼应

不同的学段、学科、教学内容，我们通常会采用不同的教学方式，如：基于问题解决的设计、讲授式教学设计、自主探究式教学设计、合作交流式教学设计等。在高中数学课堂教学中，不同的课型往往采用了不同的教学方式，但由于高中数学学科的特殊性，通常使用的仍然是讲授式的教学方式。因此，教学设计更多强调的是学生思维的参与度和学科知识的掌握程度。

（二）把握好教学设计的基本要素

教学过程设计的基本要素是：教学环节—问题—师生活动预设—追问—设计意图，明确了教学目标，确定了基本的教学方式，那么，接下来我们就要对教学设计的基本要素进行思考，如教学环节是否完整，问题的提出是否有深度，能否激活学生的思维，师生活动情景的预设及可能问题，对问题的追问和再探讨，每个环节这样设计的意图及能否达到等进行思考和预设。如：函数的奇偶性，从生活中的对称美，通过所学特殊函数引出函数图像的对称性，给出函数奇偶性的概念，如果此时我们给出一个复杂一点的函数解析式，图像未知，又应该怎样判断函数的奇偶性呢？以此问题来激发学生的思考，寻找函数奇偶性的另一个定义。所以，好的问题设计就是能更好促进学生深入思考，不断地提升学生的思维品质。

（三）问题要有连贯性和深度、广度

要根据现实环境和学情，在教材的章节引言、观察、思考、探究栏目，以及边空问题的引导下创设问题情境，通过问题引导学生的思维活动，让学生能对概念的内涵和外延等本质问题有更深刻的理解。要形成问题串，多一些开放性、探究性的问题，少一些“是否”的问题，从“what”“why”“why not”“what if”，激发学生的高阶思维发展，引导学生从浅表学习向深度学习转变，逐步培养学生提出问题、解决问题的能力，进而培养他们的创新能力。如几何概型的教学的问题设计：①从 1，2，3，4，5 这五个数字中任取一个数，取到 2 的概率是多少？②从区间 上任取一个数，取到 2 的概率是多少？③从区间 任取一个数，使得 的概率是多少？④从区间 任取两个数，使得 的概率是多少？这样逐步递进的问题串，抓住数学本质，理解几何概型与古典概型的区别、联系，数学测度的选择，促进学生的主动思考，培养学生的数学核心素养。引导学生从浅表学习走向深度学习，从而提升学生的思维品质。

（四）教学设计要将知识结构化和整体化

根据现代教学理论，学生的认知结构是学生能否进行有意义学习的基础，也是学生能否进行知识迁移的重要原因，所以通过课堂教学，学生能否构建完善的知识结构是非常重要的。每一节课都包含很多碎片化的知识，但知识本身都是有其发生、发展、变化的过程，比方说数的认识，小学学了自然数，初中学了正负数、有理数和无理数，高中又学习实数和虚数。

数的这一变化和扩展并不是没有目的的，它是随着学生的认知水平和解决问题的需要而不断地延展而来的。所以作为教师在教学环节处理新知时，要把碎片的知识进行结构化和整体化，促进学生对知识的认识有一个完整的知识结构和知识体系，要促使学生了解知识的内涵和外延，形成清晰的、完整的知识库，以便于今后的进一步学习。

总之，教学设计应更多地立足学科本质，让学科核心素养真正在教学过程中落地生根，促进学生的发展。这样才能更好地落实立德树人的根本任务，扎实推进素质教育。

臧传发　河南省淮滨高级中学副校长

中小学正高级教师，国家“万人计划”教学名师，“中原千人计划”领军人才，河南省特级教师，河南省教育学会中学地理专业委员会副理事长，信阳市专业技术拔尖人才，曾获国家基础教育教学成果二等奖。

“三段六块、立体交叉”课堂教学设计

“三段六块、立体交叉”课堂教学设计是基于淮滨高中“三段六块、立体交叉”课堂模式，并根据课标、学科核心素养的要求和基本学情，对教学要素进行整合后所确定的教学方案和计划。该课堂模式是以小组合作学习为主要形式，以导学案为依托，以问题为驱动，以课堂评价为手段，充分调动学生参与的积极性，使其真正成为学习的主人，符合新课程理念的一种教学组织规范。“三段六块、立体交叉”课堂教学设计是课堂实施的基础和保证。

一、“三段六块、立体交叉”课堂教学模式

（一）“三段六块”是课堂教学体系的结构及环节（见下图）

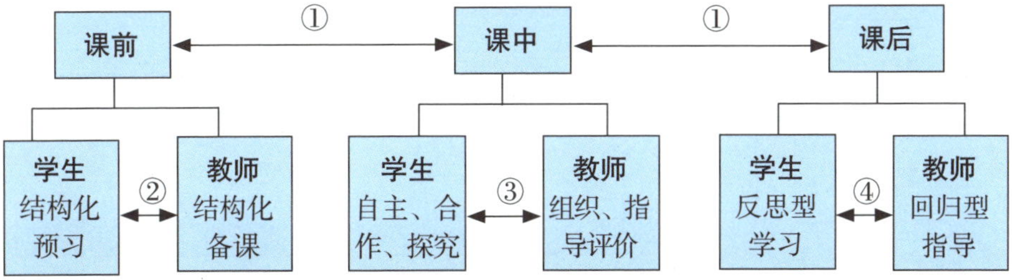

（二）“立体交叉”是各环节纽带及课堂教学的灵魂（包括四大系统）

（1）课前、课中、课后相互联系，相互交叉的“大课堂系统”。

（2）师生互“预”，师生互“备”，共建问题，达成目标的“课前预习系统”。

（3）师亦生，生亦师，共同参与，质疑碰撞，交互式学习和评价的“课中学习系统”。

（4）跟踪目标实现，养成学习品质，教学相长，共同提高的“课后知识、能力、品质生成系统”。

（三）课堂教学模式的基本组织形式是“小组合作学习”

以学习小组的构建为基础，以小组合作、展示交流、质疑碰撞为学习的基本过程，以教师的组织、指导、评价为推力，调动学生积极参与，真正成为学习的主人。

（四）课堂操作环节采用“六步法”组织教学

即创设情境—问题呈现—合作讨论—展示交流—问题训练—整理归纳。（见下图）

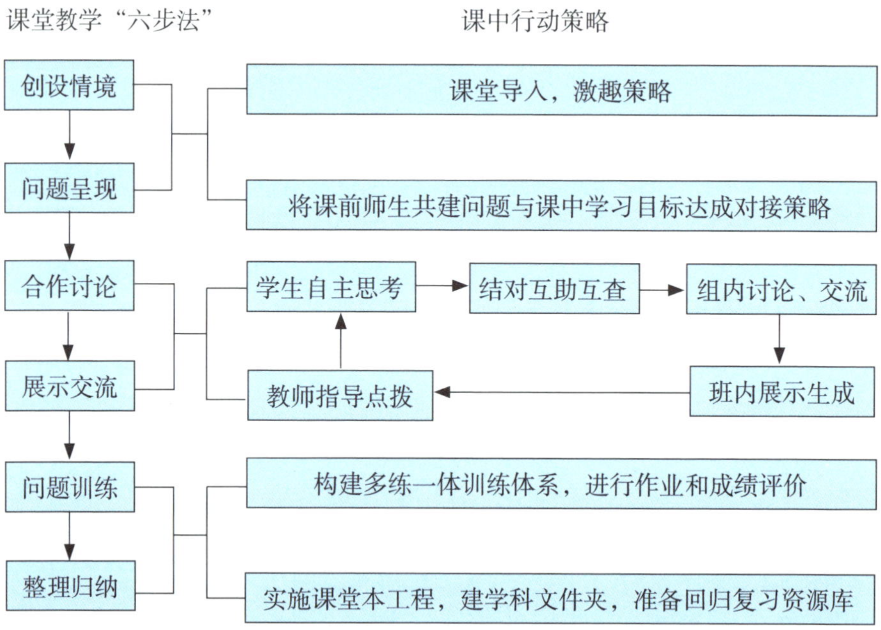

二、“三段六块、立体交叉”课堂教学行动策略

（一）课前行动策略

1. 学生结构化预习

走进文本：开展课前激情阅读，采用六字诀——“查、划、写、记、练、思”阅读法。预习检测：预习检测的问题设计做到“四化”——知识问题化、问题练习化、练习梯次化、梯次渐进化。如自然资源概念的教学，尽量从问题的视角，列举生活中的水、气、煤、电等资源要素，进行属性判断，既训练了学生的比较思维能力，又加深了学生对概念的理解。促进交流互助：课前学生在自主完成的基础上结对或组内交流、补充完善；共性问题生成：小组成员要带着问题参与讨论，达成共性问题，作为课堂重点解决及教师进行二次教学设计的重要依据。

（2）教师结构化备课。构建班级全景式评价表，对学生预习情况、知识短板和问题生成及学习分工全面了解，达到让学生“入心”，采取针对性教学策略，为学生提供适合的教育模式；设计预习学案，明晰知识流通线、学法指导线、能力培养线，引导学生思维和能力的发展；以“问题—对话—刺激—指导—评价”五环行动为思维进阶的抓手，形成问题解决的闭环；设计出“创设情境—问题呈现—合作讨论—展示交流—问题训练—整理归纳”六步课堂实施路径。

（二）课中行动策略

1. 学生合作讨论交流

构建学习小组：遵循同组异质、异组同质、小组竞争、相对稳定原则，建立小组学术和行政组织体系。构建三级学习愿景：班级愿景、小组愿景、个人愿景。实行“五步循环”：学生自主思考、结对互助互查、组内讨论交流、班内展示生成、教师点拨指导。合作展示交流：展示交流的主体上体现强者让、弱者上，正确让、错误上。展示交流的基本环节：个体展示、组内补充、质疑碰撞、教师点评。质疑碰撞生成：树立自信、积极参与、敢于否定、独立思考、发现问题、见解独到。教师通过开放性问题、探究性问题的设计激活质疑，及时点评、鼓励质疑。

2. 教师组织指导评价

有效组织教学：体现教师的编剧、导演、主角之一的角色意识，发挥学生主体作用。实施智慧指导：做到三讲三不讲——讲重点，讲难点，讲易错、易混、易漏点；学生已经会的不讲，学生通过努力能够学会的不讲，讲了学生也不会的不讲。多关注“学困生”：促进参与、树立自信、消除短板。坚持激励评价：遵循“爱”的原则，实施多元主体评价，以定性为主、定量为辅，多用诊断性和激励为主的质性评价，慎用定量性、甄别性和终结性评价。如授星、点赞、鼓掌等，使学生体验成功的喜悦。

（三）课后行动策略

1. 学生反思性学习

完善知识整理本：认真填写导学案学习反思栏，写下收获与问题，整理规律，总结方法；落实学习日计划：写下“今天应该完成而尚未完成，明天必须完成的学习内容”；构建学科文件夹：将导学案和检测题及资料每周一整理，做到“蓝笔作，红笔改，写下心得，装订成册，经常翻阅”，对模块知识及时整理归纳，构建模块知识体系，抓住主干；强化检测训练：一点一测，当堂训练，及时矫正。做到有课必练，有练必收，有收必批，有批必评，有评必补。

2. 教师回归指导

组织回归复习，形成思维导图；构建考练体系，提高得分能力；抓好学业评价，促进生命成长。

三、“三段六块、立体交叉”课堂教学设计

（一）遵循教学设计主原则

一是系统性：在“让学习发生”课堂教学总目标统领下，按课前、课中、课后的大课堂系统设计的要求，整合教学内容、资源、方法、环节、评价等要素，达到教学流程整体优化。二是程序性：突出课堂操作“六步法”流程设计；三是操作性：指向课堂教学行动策略的实施。四是反馈性：以问题发现、探究、解决为导向，落实小组激励评价策略。

（二）贯通“三段、六块”大课堂

预设好课前师生互“预”、师生互“备”、共建问题、达成目标的路径；规划好课中师生共同参与、质疑碰撞、交互式学习和评价的环节；落实课后跟踪目标实现、养成学习品质、教学相长、共同提高的策略。

（三）抓住目标生成牛鼻子

依据课标及学科核心素养的要求，结合教学内容及学情，编制预习案，学案内容设计遵循课时化原则、问题化原则、参与化原则、方法化原则、层次化原则，在自主预习、小组合作探究基础上，生成共性问题，作为课堂教学目标，围绕目标，完善教学设计方案。

（四）突出问题驱动线索链

教学设计以问题发现、问题生成、问题呈示、问题探究、问题解决为线索链，突出问题意识，做到知识问题化、问题练习化、练习梯次化、梯次渐进化。明晰知识流通线、学法指导线、能力培养线，为问题解决和能力提升铺路架桥。

（五）聚焦课堂教学六环节

按课堂教学“六步法”设计教学环节：创设情境——落实课堂导入激趣；问题呈现——将课前师生共建问题与课中学习目标达成对接，按小梯度、有跨度的原则，分解出问题链；合作讨论、展示交流——按学生自主思考、结对互助互查、组内讨论交流、班内展示生成、教师指导点拨的流程，真正发挥学为主体的作用；问题训练——构建多练一体训练体系，进行作业和成绩评价；整理归纳——实施课堂本工程，整理学科文件夹，构建回归复习资源库。

（六）搭建策略应用多平台

课堂教学十八项行动策略是课堂教学有效实施的支撑，每项策略都是教学方法落地的基本抓手，更是学习习惯养成的推进器，有些是学习规范，有些是路径创新，实施过程中均要创设情境，搭建平台。

四、课堂模式及教学设计的创新点

（1）“三段六块、立体交叉”课堂教学模式践行了“以学生发展为本”的课程理念，构建了新的学生观、教师观、学习观、师生观、课程观、教学观和评价观。使教师教得轻松，学生学得愉快，在提升学生素质和能力的同时也提高了学生的学业成绩。

（2）将课堂教学设计理念转化为课堂教学行动策略，促进教师专业发展。从规范教学和学习行为入手，落实“教学重心下移，学习重心前移”，增强养成习惯、内化方法、提升品质的效果。

（3）以“问题”统领课堂和学习，“问题”作为课堂核心要素。整合教学资源，以导学案为依托，实施问题驱动，学生自主预习发现问题、小组整合生成问题，教师通过问题预设与学情分析明晰教学目标，构建师生教学及学习活动的共振系统。

（4）采取小组合作学习形式，落实课堂教学行动策略。建立能够激发学生潜能、促进学生合作探究的小组合作式学习机制。对教学各环节进行规范，帮助学生养成学习习惯、形成学习品质，真正使学生学得轻松、学得有效。

第三章 教学方式——让课堂有活力

李桂荣《黄山奇石》教学视频

刘晓惠《洗澡》教学视频

宋君《比例的性质》教学视频

宋君《两位数乘法(练习课)》教学视频

宋君《因数与倍数(练习课)》教学视频

李阿慧　郑州市郑东新区实验幼儿园园长

中小学高级教师，中原名师，国家二级心理咨询师，高级家庭教育指导师，河南省教育厅学术技术带头人，河南省教师教育专家，陕西师范大学、河南教育学院等高校幼教“国培计划”特聘教师。

手指游戏让幼儿园课程更具游戏化魅力

手指游戏，就是利用人的自身器官——手，通过人的言语和手部动作去构造一个游戏情境而开展的游戏活动。它与说唱、动脑、思考问题同时进行。例如，常见的手指游戏有《石头、剪刀、布》《一只小蜜蜂》等。手指游戏属于象征性游戏范畴，具有取材方便、易于组织、利于多个感官协同参与、促进终身发展等优点。

一、手指游戏在幼儿园教育教学中的价值

（一）手指游戏凸显幼儿园课程理念

《幼儿园工作规程》中提出，幼儿园应“以游戏为基本活动，寓教育于各项活动之中”。《3—6岁儿童学习与发展指南》中指出，要珍视幼儿生活和游戏的独特价值，合理安排幼儿的一日生活。《幼儿园教育指导纲要（试行）》指出，幼儿园的教育活动要以游戏为基本形式。因此，如何使幼儿园课程游戏化，让幼儿在玩中学习、在玩中得到发展是幼儿教师设计幼儿园教育教学的价值趋向，而开展孩子们喜闻乐见的手指游戏活动也正是国家幼教方针政策和幼儿园课程改革发展的需要。

手指游戏作为操作性游戏的一种，具有教具现成、简单易学、有趣好玩

的特点，在幼儿园教育教学中有着重要的教育意义和实践价值。**其一，取材方便。不受时间、条件、年龄的限制，可以随时开展**，教师可根据幼儿的接受能力、教育内容的需要来选择相应的手指活动，使他们在轻松愉快的气氛中，由浅入深、循序渐进的学习过程中，手部肌肉得到锻炼，心灵得到培养，能力得到提高，智力得到开发。**其二，功效多元化，可促进幼儿多元智能的发展**。幼儿口念儿歌，手做动作，脑想故事情节，在心情愉快的手指游戏中既发展了语言能力、动手能力、表演能力，又有效地开发了脑的功能。**其三，促进教师与幼儿的身体健康**。手部灵活与身体健康息息相关，幼儿通过手指游戏锻炼小肌肉群的灵活性，教师通过手指游戏让手部更灵巧。**其四，普及度推广度高**。由于手指游戏大多短小精悍、朗朗上口，不仅适宜于幼儿园教育，也很适宜于家庭教育，所以在保持教育的家园一致性方面具备很大的优势。尤其是其内容灵活多变，能整合到幼儿园多项课程中去，并适时调节课程，使幼儿园课程游戏化、趣味化。

（二）手指游戏融入幼儿园一日活动，促进幼儿园一日活动游戏化

幼儿园活动即幼儿在园活动的总和，既包括教师有目的、有计划地组织的教育活动，又包括盥洗、进餐、午睡等许多零散的生活活动。伟大的教育家陶行知提出了“一日生活皆教育”的理念，幼儿的一日生活都是幼儿园的课程，将手指游戏渗透于一日生活，让每个环节都凸显游戏化、趣味化等幼儿园课程的特点。

1. 手指游戏融入幼儿教学活动——辅助课堂教学

手指游戏内容丰富，题材广泛，每一个都伴有儿歌、动作、游戏情景，渗透于幼儿园教学可为幼儿提供多种能力发展的实践机会。比如：做教育资源，让孩子们在玩手指游戏中获取有益的学习经验：欣赏手指游戏《蝴蝶飞飞》《手指变图形》，借助于手指游戏帮助幼儿学习数学，既符合孩子的直觉行动思维，又让孩子们在玩乐中获取知识，凸显幼儿园课程的整合性和游戏化。

还可以做课堂辅助，比如，《我的手指真神奇》——自然导入新课，激发孩子学习兴趣；手指游戏《手指上课》—— 做课前热身，促进全身心投入；《手指宝宝做运动》《手指宝宝睡觉》——活动放松。诸如此类的手指游戏

在玩的过程中既可以达到游戏放松、愉悦心灵、锻炼手指技能的目的，又符合作为知识传授手段的要求，在组织幼儿教学活动中具有一定的实用价值。

2. 手指游戏贯穿幼儿生活活动——引导自我管理

古人云：养其习于童蒙。根据陈鹤琴先生的“儿童既然喜欢游戏，我们就可以利用游戏来支配他的动作，培养他的习惯”这一观点，借助于手指游戏来培养幼儿良好的习惯。如在孩子刚入园时，借助于手指游戏《洗手歌》来引导孩子掌握正确的洗手方法，养成讲卫生的好习惯。针对幼儿依赖性强、自律意识差的特点，我们通过《穿衣服》《系鞋带》等手指游戏来帮助幼儿“自己的事情自己做”，用手指游戏培养幼儿的生活习惯，既取代了教师烦琐的语言，还能让生活习惯培养渗透于游戏和幼儿玩乐过程中。

3. 手指游戏结合到一日活动过渡环节——内化常规培养

幼儿来园后、离园前，饭前饭后、盥洗前后等过渡环节，孩子们的状态都比较放松，自觉遵守常规的意识也会被渐渐地淡忘。这时，我们将简单、易行的手指游戏贯穿于这些环节之中，可逐步引导幼儿建立规则意识。在各个环节的过渡中，可以为其准备一些如《手指歌》《石头、剪刀、布》等经典的手指游戏活动，穿插在零散时间中进行。比如“饭前手指游戏大串烧”“幼儿离园前手指游戏表演”等既能维持秩序，又能减少幼儿的消极等待。

二、手指游戏促进幼儿多元化能力发展

苏联著名教育家苏霍姆林斯基在《给教师的建议》中谈到的“儿童的智慧在他的手指尖上”，我国的成语“心灵手巧”，说的都是手指和心灵是相辅相成的，手巧才能心灵，心灵才能手更巧。心理学研究表明，手使脑得到发展，使人更加明智，脑使手得到发展，使它变成创造聪明的工具，变成思维的工具和镜子。

（一）手指游戏的研究和实践促进了孩子的多元发展

通过对手指游戏在幼儿园教育教学中的研究实践，小中大不同年龄班的幼儿都学会了多个手指游戏，无论是教育活动还是茶余饭后，都能看到幼儿或边做手指游戏边吟诵儿歌或边活动手指边表演的现象。手指游戏促进了孩子的动作发展，比如小肌肉动作（手、腕部活动，包括手眼协调、指尖动作、

手指屈伸等活动）；还促进了孩子的语言发展，0—6 岁是幼儿口语发展的关键期，通过朗朗上口的儿歌辅以直观形象的动作，使孩子们敢于大胆说话，孩子们语言表达能力得到增强。尤其是手指游戏大多需要互动、合作完成，孩子们通过语言活动、动作互动，在这些游戏中结成现实的伙伴关系，他们相互协调、模仿，学会与别人友好相处，学会自己解决人际矛盾，培养了良好的合作意识。

（二）手指游戏提升教师的专业素质

在将手指游戏运用于教育教学、探索手指游戏的运用策略、编制手指游戏教材的过程中，教师静下心来，系统学习小、中、大班孩子年龄特点和心理特征，对于幼儿园游戏的特点进行研究和钻研，实践过程中教师对孩子的观察多了，对孩子的行为发展关注多了，善于反思了，也会捕捉教育契机了，在实践中逐步积累游戏化教学理念，树立幼儿园课程游戏化、趣味化的课程观，并在跟孩子共同玩手指游戏的过程中养成“健康自己、快乐他人”的教育意识。

（三）增进了家长对手指游戏的了解

在实践过程中，家长通过“手指游戏观摩日”“家长手指游戏比赛”等多种活动，在对手指游戏的搜集、表演过程中，不知不觉增长了经验、提升了手指游戏的指导水平，家长从不会陪孩子玩游戏变为陪孩子一起玩儿，增进了亲子关系，更新了育儿理念。

（四）手指游戏孕育了园本特色，为幼教同行提供了可供借鉴的教育经验

通过将手指游戏运用于幼儿园教育的实践研究，我们把手指游戏渗透于幼儿园一日生活的点点滴滴，并梳理手指游戏在幼儿园课程中的运用经验，探索出了一套手指游戏运用于幼儿园课程的具体可行的策略、方法。相关课题通过省级课题鉴定，并在国家核心期刊《早期教育》上发表。我们又固化研究成果，编纂了《手指游戏跟我学》一书，整理汇编 100 个手指游戏，并按幼儿年龄特点和与幼儿园教育教学的结合形式进行分类，还根据幼儿具体形象思维的特点录制视频，整本书图文并茂易操作，于 2013 年由南京大学出版社出版。目前，全国几千家幼儿园都在运用我们的这本园本教材，手指游戏已走进千家万户，成为孩子们的最爱。

徐艳霞　河南省实验学校慈航小学校长

中小学高级教师，全国优秀教师，中原名师，河南省名校长，河南省教师教育专家。致力探索自主教育，提出了“自主课堂”教学模式，分别荣获河南省首届教科研成果和基础教育优秀成果一等奖，出版专著《孩子，你自己来——低年级学生自主教育策略探索》，荣获全国青年教师个性课堂大赛一等奖、河南省优质课评比一等奖。

在探究阅读中激活创新能力

2017年，中共中央办公厅、国务院办公厅印发的《关于深化教育体制机制改革的意见》中指出，要注重培养支撑学生终身发展、适应时代要求的关键能力，并反复强调要培养学生的社会责任感、创新精神和实践能力。其中，创新能力是学生未来有效应对21世纪挑战的关键能力，是一个人的核心竞争力，关乎学生一生可持续发展，是“核心素养的核心”。但是，目前我国学生素养的最大短板就是创新力不足。

《语文课程标准（2011版）》也提出了“发展思维能力，激发想象力和创造潜能”的总目标，并特别强调了“要注重开发学生的创造潜能”的教学建议。因此，在阅读教学中，我努力变革教学方法，鼓励学生自主探究、勇于探索，激活创新性思维，培养创新型人格，从而发展学生的创新能力。

一、鼓励学生自主探究，培养创新性思维

改进学习方式，我从激励、唤醒和鼓舞学生在课堂中的主体性开始行动。**通过阅读期待、反思和批判等环节，开展多角度的、有创意的阅读，拓展思维空间，引导学生学会发现学习、合作学习和创新学习。**

为了培养学生的创新性思维，提升学生的思维品质，我大胆从以下四个

方面进行了探索：

（一）鼓励学生自由提出问题，培养发散性思维能力

自主课堂基本的教学原则，就是让学生提问题。课堂上，学生围绕自己提出的问题主动思考，就会极大地激发思维的积极性。因此，我坚持生本主义思想，将课堂学习的知情权、提问权交给学生，鼓励学生有效提问，为探究阅读打基础。

题目是文章的眼睛，引导学生从课题入手质疑，可以洞察文章的主要内容和作者的写作意图。如写人的文章《数星星的孩子》，就围绕“这个孩子是怎样数星星的？这是一个怎样的孩子”来提问；记事类的文章《植物妈妈有办法》等，就围绕故事的起因、经过和结果三个要素来提问；例如写景的文章《黄山奇石》等，就围绕“哪些奇石”“奇在哪儿”来提问。这样的问题聚焦于教材的人文主题和语文要素，将促进学生对文本内容的阅读兴趣和理解。

经过长期练习，学生就有了主动质疑的习惯和提出问题的能力。更重要的是，学生提出了有效的问题，课堂教学就有了“魂”，教学目标就会聚焦。学生围绕核心问题主动思考，积极参与同桌交流、小组讨论、班级汇报等多向有效对话，发表对某些问题的看法，交流解决问题的过程，分享探究方法和学习收获，激发了阅读文本的积极性和思维的灵活性。

（二）组织学生开放性研讨，学会从多种角度看问题

课堂上，我带领学生深入文本语言文字的底层，让学生真正走进文本，与作者、时代对话，产生情感共鸣。

例如《天游峰的扫路人》一课，围绕核心问题“这是一位怎样的扫路人”展开学习时，我们可以针对下面两句话引导学生围绕问题展开辩论：“面对又高又险的天游峰，这位七十多岁的老人，不仅要登山，还要扫地，他到底累不累呢？”

（1）描写游客的句子：那层层叠叠的石阶，常常使游客们气喘吁吁，大汗淋漓，甚至望而却步，半途而返。

（2）描写扫路人的句子：“不累，不累，我每天早晨扫上山，傍晚扫下山，扫一程，歇一程，再把好山好水看一程。”

大家各抒己见，几番辩论，激发了学生的无穷创意和灵感：“虽然扫路人身体很累，但是他的心不累，因为——他爱那座郁郁葱葱的山，他爱那雪花泉的水，他爱那花鸟做伴的天游峰，他爱那绿色的生活，他爱那生他养他的土地……”在精彩的思辨中，学生们有感而发，自然深切地体验到了生命的内涵。

（三）适时提出探究问题，引导学生深入思考

为学生创设探究空间的同时，我积极参与学生的交流并倾听学生的意见，针对教学重点和学生在讨论中的困惑组织研讨，进行有针对性的点拨和总结，帮助学生发现规律、举一反三。

例如在《青蛙看海》的教学中，我引导学生思考：“小青蛙是靠着什么看到了大海？”在《掌声》的教学中，强调学生要注意：“第一次掌声代表什么？第二次掌声代表什么？”以此深入理解文本，提高认识的深度。

解决核心问题后，我根据最近发展区原理创设更高层次的新问题情境，鼓励学生“跳一跳摘到果子”，提升探究。例如在《黄河的主人》的教学中，总结全文时可提问：“黄河的主人是谁？作者为什么用大量的笔墨写黄河、写羊皮筏子、写乘客呢？”引导学生体会作者通过侧面描写衬托艄公精神的写作方法。如在《鹬蚌相争》的教学中，提问：“你该怎样劝劝愚蠢的鹬和蚌呢？”以优化每节课的“问”，给学生一个新的思维起点和思维方向，“问”出学生的发散求异，“问”出学生的创新创造。

（四）随文指导学习方法，提高求异创新的能力

文本中作者生动的表达手法，例如通过语言、动作或神态写人，抓住典型景物的突出特点写景；说明、修辞等写作方法，不能仅仅停留在“知其然”的层面，要尝试运用，由随机的认知过程变为逻辑的科学思维。

因此，阅读教学中，我有意识地挖掘教材的“典型”优势，找准读写结合点，有机地糅进写话练习，创设情境引导学生随文写话，在发展语言的过程中，激活想象和创新思维能力，实现文本阅读的超越。

课文中的词语，是很重要的语言材料。例如《梅兰芳学艺》一课的教学中，一个“终于”浓缩了梅兰芳从一个“不是唱戏的料子”到取得辉煌成就所付出的艰辛和努力。教师可鼓励学生用上“终于”谈谈自己在某一方面取得成功的体验，学生就将文中的消极语言内化成了自己的积极语言。

文本中具有明显特征且具有价值的精彩句子，都可以让学生仿写说话。例如《秋游》一课运用“……有的……有的……还有的……”，生动地描写了孩子们在秋天大自然中欢快嬉戏的情景。学生用这种句式描写竞相绽放的花卉、尽情游戏的伙伴和机灵可爱的猴子们等，表达对大自然和生活的热爱。

全篇仿写，从整体上学习文章语言的表达方式，实现了由读到写、由仿到创的迁移。例如学了《乡下孩子》一课，可设计“比幸福、比童年”主题写话训练，启发学生创作诗歌《城市孩子》，发现城市生活的无限乐趣。

二、开发学生非智力因素，培养创新型人格

关键是变革教学方法。课堂上，我努力构建自主课堂价值链，体现快乐、平等、宽容、尊重和批判性思维等鲜明特点，让学生乐学、会学、学好，发自内心地“愿意”去创新。

（一）激发学生的探究期待

课前预习是探究学习的起点，有助于学生发现问题、提高阅读兴趣。

课前，我经常鼓励学生“课前介入，初步探究”，在已有学习经验的基础上提出问题，或整体感知课文主要写了什么，或提出一个有探究价值的问题。第二天，学生带着自己这些感兴趣的问题走进课堂，探寻问题答案的阅读欲望就很强烈。

上课伊始，我一直坚持“交流信息，归纳探究”教学环节，及时了解学生的预习情况，真正掌握学生的疑难点和探究兴趣，梳理出课堂教学中需要深入探究的核心问题，然后“以学定教”。

（二）尊重学生的探究兴趣

一节课，带给孩子们的知识和思考的空间是有限的。我总是启发学生根据学习收获再次质疑，进一步去探究生活中的实际问题，将思维拉向更广阔的空间，开始新的“学习”。

例如教学《晏子使楚》一课时提问：“晏子有没有失败的经历？”教学《狼

和鹿》一课时提问："凯巴伯森林现在是什么样子？现实中还有类似'狼和鹿'这样的例子吗？"可通过课外阅读链接、搜集资料和组织实践活动等形式予以迁移，激励学生拓展探究。

（三）鼓舞学生的个性探究

每篇文章都有它独特的地方。教学中，我力求整体把握，找准文章个性化解读的落脚点，留出充分的空间让学生去独立思考，鼓励学生提出个人看法与见解，激励学生的独立性、自主性和自信心。

例如，根据《黄河的主人》一课中"再定睛一瞧，啊，那上面有人哩！"这句话，可预设这样的开放性环节："你觉得'啊'后面该用什么标点？并试着读出自己的感受。"

有的学生说应该用感叹号，因为作者不相信这羊皮筏子上竟然会有人，他很惊讶；有的认为用问号，因为看到上面有人，感到非常不可思议；还有的学生觉得应该用问号加感叹号，先是疑问，紧接着是惊叹。

学生加标点的过程，就是联系上下文思考的过程，就是个性化阅读的过程，就是激活思维的过程。

（四）营造民主、自由的探究环境

儿童的成长需要自由的时间，必须有足够充裕的时间来体验和沉思，才能获得心智的自由发展。因此，课堂教学中，我积极推进自由与民主，建立民主型师生关系，积极创设独立思考、自由探索、勇于创新的学习环境。

例如《真想变成大大的荷叶》这首诗歌中："小诗人不仅想变成雨滴，还想变成小鱼、蝴蝶、蝈蝈、星星和新月。你想变成其中的哪一个？就来说一说、演一演、读一读相应的诗句吧。"这一环节，学生充分想象，自由感悟诗歌的意境，生动表演，书声琅琅，激活了丰富的情感体验。

发展学生的自主探究和终身发展的能力，是自主教育最终的创造力。十几年来，我带领老师们坚持践行"自主课堂"，唤醒和鼓励学生的主体性，组织学生探究阅读，激活创新性思维，培养创新型人格，旨在让学生的创新之花尽情绽放。

李桂荣　河南省濮阳市实验小学副校长

中小学正高级教师，中原名师，河南省名师，河南省教师教育专家，河南省教育厅优秀教育管理人才。出版专著《从阅读走向悦读》，参编 5 本国家级、省级教材，在期刊发表 60 余篇文章，主持、参与 10 多项课题研究，多次到河南省内外做观摩教学、专题报告。

语文阅读教学要在“开放”上做文章

语文学习的外延与生活的外延相一致，这里的外延主要是针对阅读来讲的。语文教学从一定的程度上来说也是阅读教学。

陶行知先生曾提出“六个解放”，即要解放孩子的头脑、双手、眼睛、嘴巴、空间与时间，使孩子敢想、敢干，会观察、会交流，阅读社会和自然这两本大书，对宇宙发问，和万物为友，收集丰富的资料，开阔眼界，发挥创造力。

随着以“互联网 +”为核心的信息技术广泛的应用，在我们的生活中时时会有阅读，处处可见语文，在生活中随时随地可以进行语文阅读学习。语文阅读教学正面临着新的挑战，我们要利用好“互联网 + 语文”大数据去阅读，学会甄别、筛选信息，就必须进行全方位的开放。

在阅读教学的学习过程中，学生是学习和发展的主体。**我们在倡导自主、合作、探究学习方式的基础上，进行开放式语文阅读教学，把封闭的阅读教学向课前开放，向课堂开放，向课后开放，让学生在多维、立体的广阔空间里阅读交流，学习思考，全面提高学生的语文素养。**

一、向课前开放，突出自主性

语文阅读教学向课前开放，就是指学生在上课前的预习过程中，根据需要主动阅读与文本相关的书籍，查阅资料，询问家长，自主学习课文，了解与课文相关的知识，记录下来不理解的问题，再到课堂上探究。在这个预习过程中，阅读并筛选大量的材料，是学生要做的重要功课。

做好课前的开放，我们要注意两点：一是学习方式的开放，学生可以灵活选择，如翻阅书报、上网浏览、收听广播等；二是呈现形式的开放，学生可以摘录、绘画、表演等，根据自己的爱好自由选择表现形式。这样，能够获取课堂以外丰富多彩的资料，使学生不仅加深了对教学内容的理解，而且开阔了视野，增长了知识，提高了收集和处理信息的能力，使学生的触角由课内向课外延伸到广阔的社会与生活中去。

比如，在学习毛泽东的《卜算子·咏梅》这首词的时候，教师在课前可以设计如下题目供学生选择。

①收集关于“词”“词牌”的知识。

②收集相同词牌的词。

③收集有关梅花的文字、图片。

④收集文人赞美梅花的诗词。

⑤收集毛泽东的其他诗词。

学生可以选择其中一两项内容，通过阅读书报、上网查询等形式收集所需资料。在课堂上，通过师生、学生之间的信息交流，相互补充，从而实现资源共享、知识共建。

像这样的课前阅读学习，其方式和内容取决于学生自己，而非千篇一律，从而使学生的创新能力得到充分发展。

二、向课堂开放，体现实效性

语文阅读教学向课堂开放，就是指在课堂教学中营造民主和谐的氛围，创设自主、开放的语文阅读学习情境，鼓励学生用适合自己的方法阅读学习，让课堂焕发活力，让学生成为语文阅读学习的真正主人。

让语文阅读教学向课堂开放，我们尽力做到五个“允许”，即允许学生自主选择学习目标，允许学生自主选择学习内容，允许学生自主选择学习方法，允许学生自主选择学习方式，允许学生自主选择学习伙伴。

下面列举我在教学《黄山奇石》一课时的几个片段。

教学片段一：自主选择内容，学习积累语言素材。

教师：同学们，黄山上的岩石奇形怪状、姿态万千，有的像栩栩如生的人物，有的像活泼可爱的小动物。你们想不想把神奇有趣的岩石景点介绍给别人呢？现在就请同学们选择自己喜欢的一两块奇石，先练习说一说吧。

教师：你准备向大家介绍哪一块奇石呢？

学生：我准备介绍“仙桃石”。

教师：听了他的介绍，你们知道了什么呢？

学生1：我知道了仙桃石好像是从天上飞下来的一个大桃子。

学生2：我还知道它落在山顶的石盘上。

教师：谁还想介绍一块奇石？

（学生纷纷举手，教师点名介绍）

教师（小结）：听了你们的介绍，我感到黄山的这些奇石一个比一个更有趣。

这样，让学生在熟读的基础上自主选择一块奇石去介绍，既帮助学生感悟语言、理解语言，又进行了表达训练，丰富了语言，使学生在自主选择内容的练说中，突破了教学重难点。

教学片段二：模拟导游，表演课文。

教师：刚才，同学们介绍得有声有色。现在请同学们以小导游的身份把四块奇石向游客介绍一下，看谁最像小导游。自己先练习一下，然后在4人小组内练习。

（指名小组展示，教师指导）

教师（小结）：听了大家的介绍，我觉得这些看起来并不怎么显眼的石头，真是太奇特了！我想，游客们听了你们的介绍，也都会像我一样，对你们跷起大拇指的！

在引领学生充分读书的基础上，让他们以小组为单位成立一个小旅游团，轮流扮演导游，其余学生扮演游客。“导游”把课文改写成导游词向“游客”介绍，“游客”可提出问题，由“导游”回答。这样一来，角色转换产生的新鲜感能激起学生学习的积极性。在这里，表演并不是目的，而是引导学生讲述课文内容的手段，这种课堂表演不仅使学生内化了课文语言，还进行了口语交际训练。在角色意识的驱动下，他们一个个全情投入，仿佛进入了现实生活的情境之中，由“扮演角色”到“进入角色”，由学习的“被动角色”到“主动角色”，充分发挥了自身的主体作用。

教学片段三：为不知名的奇石命名。

教师：同学们，闻名中外的黄山上有无数的岩石，除了课文中介绍的这些有名字的以外，还有许多叫不出名字的奇形怪状的岩石等着你来起名字呢。大家看，这里就有几块有趣的岩石（课件出示）。远远地看，有的像人，有的像物，有的像飞禽，有的像走兽。请同学们仔细观察，选择你最感兴趣的一块起个名字，再说说它是什么样子的。请你发挥想象力，向大家介绍吧。

（学生先自己练习，然后与同桌练习，最后向全班展示）

学生：我觉得那块石头像一个古代的人……

学生：我觉得那块石头像一只青蛙……

教师（小结）：同学们的想象力都非常丰富，语言表达也很流畅，使大家不仅感受到了奇石的确堪称黄山一大奇观，而且也对各位小导游留下了深刻印象。

此环节的设计是仿说的延伸，是创造性思维训练。学生自主选择说的内容，自我创新说的方式，自主练习，再与同学合作，互相交流，使每一位学生都能得到锻炼，既培养了学生的观察力，又培养了学生的想象力和语言表达能力。

这样的课堂开放形式把单纯以教为主的课堂教学引向以师生互动、学生互动为主的多形式教学，使学生在轻松愉快的氛围中充分发表自己的见解，有足够时间通过阅读实践主动获得知识，提升能力。

三、向课后开放，凸显多样性

语文阅读教学向课后开放，是指将教学向课后延伸，让学生在课后完成贴近生活的作业，增加语文阅读实践的机会。教师可从以下几方面着手。

一是在作业的内容上开放。教师可以给学生提供形式多样的“自助餐”作业从中挑选，也可以让学生提供能充分展示特长的作业。

二是在作业的形式上开放。学生或动口、动眼，或动手、动脑，或查询资料、调查访问，或实践操作、亲身体验，完成作业的形式完全由自己来定。

三是在完成作业的方法上开放。学生可以独立完成，也可以与同学合作完成，还可以请家长协助完成。

四是在完成作业的时间上开放。学生可以在当天完成，也可以在一周或几周内完成。

五是检查作业的方式开放。如举行活动、开展竞赛、汇报交流等，学生可以根据不同的内容选择不同的方式。

比如，在学习了《葡萄沟》一课之后，教师可以提供几个作业让学生自选。

①画葡萄，然后根据课文为葡萄上色，将完成的作业粘贴在教室里，布置成一个“葡萄园”。

②有感情地朗读课文，读出葡萄沟物美、景美、人美的意境。

③假如你去葡萄沟旅游，你觉得维吾尔族老乡会怎样招待你，请写一写。

④请你为吐鲁番的葡萄干设计广告。

这样，把作业设计成多种多样、富有创意的语文实践活动，让每个学生都有自主学习、充分展示的机会。

比如，有位教师交流了自己在教学古诗《望庐山瀑布》后的作业布置上的经验。她让学生设计能充分展示个性特长的作业，并在一周之内完成。一周之后，这位教师收到了令人惊喜的各种各样的作业：学生们有的在作业本上认真抄写了这首诗，有的画了一幅山水画并题写了这首诗，有的发来一段自己配乐的诗朗诵视频，有的用自己的话描述了这首诗的意境，有的将这首诗改写成了一篇写景的小文章，有的摘录了李白其他的诗……这位教师把千篇一律的作业变为多种多样、富有创意的语文实践活动，让每个学生都有自主学习、阅读交流、主动探究、施展才华的机会，培养了学生学会学习、学会求知、学会交流的意识与能力。

总的来说，语文阅读教学无论是在课前、课中还是课后，都需要做到开放。开放式的语文阅读教学，能使学生将课内与课外的阅读学习结合在一起，真正发挥师生双方在教学活动中的主动性和创造性，为学生的可持续发展奠定坚实的基础。

刘晓惠　平顶山市新华区建设街小学校长

中小学高级教师，全国优秀教师，中原名师，河南省教育厅优秀教育管理人才，河南省教育厅学术技术带头人，河南省师德先进个人，河南省教师教育专家。

让“画画”成为人生美的艺术

——核心素养下美术教学策略的思考与实践

从教28年，一直从事美术教学的我，经历了课程标准从教学大纲（双基）到内容标准（三维目标）、走向成就标准（核心素养）的三个形态。首都师范大学尹少淳教授的“五环图”对美术学科核心素养进行了精妙解读，与北京奥运五环相似，核心素养五环的下面两环（图像识读、美术表现），凸显美术学科的“个性和唯一性”；上面三环（创意实践、审美判断、文化理解），具有人文学科的“共性”。体现了鲜明的美术学科的立科之本——视觉形象，美术的基本活动方式——感知（观察、观赏）、理解（解读、阐释）、创造（表现），组成了美术学科核心素养。

在实际的教学中，怎么把别人眼中一盒彩笔、一张纸的“画画”，转化为提升学生美术素养的艺术成长呢？我从以下五个方面进行理解并实践。

一、精准视觉感知，明晰“视觉文化”的方向

美术是视觉的艺术，它依赖一定的物质材料，以塑造可为人观看的直觉艺术形象为根本目的。新课标提出：美术课程以对视觉形象的感知、理解和创造为特征，是学校教学美育的主要途径，是九年义务教育阶段全体学生必

修的基础课程，在实施素质教育的过程中具有不可替代的作用。

学生在美术课堂上对美的感知是在瞬间形成的，通过对原始的美术特性的感受，将对象进行组织、加工为突现形象。视觉作品不仅给人的感知系统提供了必要的信息，还可以辅助大脑的形象记忆和形象思维的发展。

所以，美术教学中，我突显其特有的、区别于其他课程的特征，即“视觉性”。以《秋天的落叶》一课为例，课前，我布置学生观察生活中树叶颜色的变化，使其有初步的感知和体验。上课初，展示大量秋叶图片和视频，以秋天飘悠的落叶为主，让学生瞬间看到秋叶的形状、色彩和肌理，以强烈的视觉冲击唤起学生对“深秋”的回忆，感知自然之美。学生通过视觉观察、欣赏分析物体的形象，培养对形象的视觉意识，积累创造的智慧和灵感。

二、利用视觉语言的表达和交流，传递审美感受

美，有特殊的语言表达形式。《全日制义务教育美术课程标准（实验稿）》提出：美术课程要凸显视觉性，必须强调对美术语言的学习运用。当学生学会用准确而系统的美术语言，传达视觉信息，进行艺术表达和情感交流时，才能达到理解视觉艺术的根本目的。

在进行《和妈妈在一起》的彩泥立体造型课时，我有意识地引导学生对新型黏土进行搓、捏、拉的操作，让学生分析材质的质感、特性；同时出示表达亲情的示范作品，感知作品的造型比例和情感表达，让学生用与视觉密切相关的专业术语来表达自己的感受。在欣赏评述时，不仅对造型进行评判，更对其中表达亲情的情感进行表达。使学生获得知识结论，建构高品质的生活和丰富的精神世界。

三、在创意实践和创作表现中进行技能和知识的迁移

创意是社会发展的动力，创意实践素养是美术核心素养的重要组成部分。在美术创作活动中，感知、创意和表现都是彼此渗透的，既有创作者内心的体验与构思，又有外部的影响与表现，只有通过高级复杂的美术创作活动，才能把审美意识转化为美术作品。

基于此观点，在《亲亲密密一家子》教学中，学生分组进行合作探究，分析版画制作的过程，通过用指甲划吹塑纸，发现刻痕，再对照色卡纸上的

图像，结合已学过的“对印”知识，动手实践，刻一刻、涂一涂、印一印，举一反三，自主掌握“粉印版画制作”这一知识技能。

美术教学是一个具有特殊价值的活动，具有空间意识，创作体现多维的特点。无论是从创新意义来看，还是从所处时代来看，作为美术教师，在教学过程中，我们都应让学生运用美术语言和技能技法，把学到的知识迁移到实践中，运用形象思维，大胆想象，鼓励学生创造出个性生动的新颖形象，解决现实的问题，真正把知识转化为能力，才是核心素养的真谛所在。

四、以“画道合一”诠释人文情怀，突显美术教育的独特优势

山东师范大学孔新苗教授说过：核心素养说到底就是文化的问题，而现代文化的主要内容就是审美，真正美好的东西可以陶冶人的情操。在“情怀”越来越受欢迎的时代，人文情怀便成为艺术课堂最有效的切入点，也是我们是否适应新形势下角色转变的重要标志之一。

在《我们一起去旅行》一课中，我将美术设计与旅游文化结合，让学生对祖国美景进行视觉感知，以迁移想象和情感体验为主线，引导学生积累人文素养，唤起学生对描绘风景的兴趣，产生对祖国的热爱。在“戏剧进校园”活动中，我们以豫剧的艺术历史、文化含量以及社会价值为话题，开展了画脸谱、捏戏剧泥人、设计戏服等美术实践活动，让学生充分感受豫剧的独特魅力。通过这些多元综合的体验，提高了学生的人文修养。

美术课堂中人文教育的渗透，体现在教学形式的转变上，还体现在多元的教学内容上。以画载道，以美载道，美术显性特征得到最好的表露，隐性特征又为文化积淀增加深厚的底蕴。

五、以广阔的视角，延伸美术学习的情境

我们身边并不缺少美，而是缺少发现美的眼睛，无论是自然的、社会的，还是传统的、现代的素材，都可以让人产生创造美的欲望。在实际教学中，我充分利用学校和周边的环境、材料，拓展学生创造美的途径，涵育人文素养。

（一）学校后院“耕读园”作为写生和实践基地，积累创作经验

作为学校的劳动实践基地，“耕读园”中各种植物的自然生态，可以作为学生美术表现的素材，从观察了解植物的生长，到描画植物状态的技法提升，

在参与感中，增长学生创造的经验累积。

（二）“化腐朽为神奇”，进行美术学课创意设计

利用形态各异、数量繁多的石头和“耕读园”里的葫芦，我们开设了“石头画”“葫芦画”创意制作，提炼了“依型创意”的设计理念；我们还进行了“花木染”的艺术创作；干枯的树枝，与彩泥结合变成了梅花；六个消防栓，被学生彩绘成了卡通造型……学生在丰富多彩的美术创作中，更加理解了艺术创作的途径和方法。

（三）参与校园内外显文化设计和布置，提升艺术运用能力

2018 年校建完成后，我们鼓励学生参与到校园文化建设中。如校园景观灯图案、“二十四节气生长园”、移动花钵的培土种植、笑脸墙、班级的小花架……我们开展了形式多样的美术创意实践活动，让学生参与，使校园特色建设与学生能力发展相得益彰。

（四）感知周边社区自然情境资源，促进学生艺术体验

我们充分利用当地资源，和家长一起带领学生去郏县三苏坟、知青园，禹州神垕镇、平顶山香山寺等当地人文景点写生。在此过程中，学生直接接触到传统文化，与同伴、父母、游客或当地居民进行直接或间接的交流，融合了多个领域，可以说是一次综合艺术实践活动。

经过对实践的再思考，我以为“核心素养”在美术教学中的体现，应遵循问题情境到图像识读的文化理解，通过视觉感知和视觉表现，激发学生用美术创作和表现的兴趣。表达“美”时，用美术语言来描述“美”，传递审美感受。在丰富的教学内容中，注重人文精神的渗透，以画载道，以美载道。更重要的还要培养学生发现美的眼睛，在生活中，巧用身边的丰富素材，丰富创意实践，进行知识的迁移，拓展学生创造美的途径，体会不一样的美感，从而获得美术知识，提高审美能力。真正使“画画”转变为让学生享受美的艺术征程，美术课可以、也应该这么美！

宋君　郑州市金水区金桥学校副校长

中小学高级教师，中原名师，全国教育科研先进个人，河南省教育厅学术技术带头人，第二届河南最具影响力教师，河南省教师教育专家，出版专著《数学阅读的教与学》《读懂学生》等多部，在河南省内外举办讲座200余场。

绘本＋数学：小学数学教与学的新方式

提到阅读，人们通常想到的是语文方面的阅读，很少将阅读与数学联系在一起。可见，数学阅读是一个被忽视的课题。而阅读能力是最基础、最关键的学习能力，它直接决定着学生学习效果的好坏和学习效率的高低。人的智力结构的核心是思维能力，许多研究表明，很多思维能力是通过阅读来培养的。同时，阅读会伴随每一位学生的成长与发展。我在教学中，尝试采用“绘本＋数学”，促进学生在数学学习中智慧地成长。

数学绘本是一种图画和文字相结合的数学阅读读物，它图文并茂、丰富的表现方式符合学生的阅读和理解水平，深受学生的喜爱。而“每个孩子都是读图画的天才”，如何才能真正引领学生在阅读数学绘本中促进学生的发展，我们进行了有益的探索。

一、用数学绘本引入新课，开启智慧学习

好的引入是成功的一半。一节课有个好的开始，像一场戏有一个引人入胜的序幕。如果教师巧妙地引入新课，可以激发学生的学习兴趣，点燃学生思维的火花，引发学生强烈的求知欲，促使学生以最佳的心理状态进入新课的学习。

在数学学习的过程中，我采用“绘本＋数学”的方式引入新课的学习，在绘本阅读中促进学生智慧地思考。

例如，在《找规律》一课的教学中，我尝试将绘本《乱七八糟的魔女城》中的部分故事情节作为新课引入，引导学生进行思考和探索规律。

我首先呈现出了公主收到了青鸟带来的一封王子求救的信，于是，公主便起身前往乱七八糟的魔女城解救王子。在前往解救王子的路上，一条河拦住了去路，河里有鳄鱼，如果找不到正确的路，公主可能会遇到麻烦，甚至会被鳄鱼吃掉，就无法救出王子。怎样才能顺利地通过这条河呢？请同学们认真想一想。

在学生很快就解决了这个问题后，我追问道：你是怎样解决的呢？从而凸显了：找到规律，才能找到正确的路。

在解救王子的路上还会发现哪些规律呢？今天这节课我们就来学习探索规律（板书课题）。

课堂引入是小学数学教学中一个不可或缺的重要环节，我采用数学绘本引入新课，在短短几分钟内就吸引了学生的注意力，充分调动学生的学习兴趣，引导学生积极参与到数学规律的探索中，提升学生的探索欲望，积极主动地投入到新知的学习中。

很多研究表明：轻松、愉快的学习氛围会对学生的主动探索、学习动机、好奇心等产生积极的影响。而**在新课引入环节，巧妙利用数学绘本，激发学生在数学学习的过程中产生浓厚的兴趣，能引领学生迅速进入学习状态，积极进行探索。**

二、数学绘本贯穿新课，点燃学习热情

在数学教学中，有时，将数学绘本引进数学课堂能提升学生的学习效能，促进学生智慧的学习。用数学绘本贯穿数学学习的始终，点燃学生学习的热情，不断促进学习走向深入。

例如，在进行《观察物体》的整理复习时，我利用数学绘本《寻找消失的爸爸》贯穿始终来进行整节课的复习。

首先，我出示了绘本：周末，小猫咪听到爸爸在打电话，心想：难道爸爸将明天带我去公园玩的事情忘记了！于是，小猫咪有些睡不着觉了。

第二天一早，小猫咪就来到爸爸的房间，看到爸爸已经不在房间，桌子上有三张纸条。

这三张纸条是寻找爸爸的最好线索，学生为了帮助小猫咪寻找爸爸，就会进行思考。于是，小猫咪就开始在家里寻找爸爸带走的物品，最后，从上面看到的是长方形和圆，从而判断出爸爸带走的是钓鱼的工具。

接着，我话锋一转："如果知道了一个物体从正面、侧面和上面看到的形状，你能找到这个图形吗？"引导学生在判断的过程中进行思考和表达。

接着，小猫咪要去寻找爸爸出发的地方。爸爸出发的地方是一个十字路口，在这个十字路口的地方从上面看是圆、三角形、长方形。

小猫咪起初是在大路上找，你认为它能找到这些图形吗？请你填一填。

在学生完成题目后，我引导学生思考："在路面上能找到爸爸出发的地方吗？怎样才能找到呢？请你想一想。"

同学们，你能帮小猫咪想出好办法吗？我引导学生只有登高才能找到从上面看到的形状，于是，小猫咪来到了楼顶，看到了在一个十字路口的建筑物和图上的一样，于是找到了出发地点，寻着出发点，我们就找到了乘车的地方。

小猫咪后来找到爸爸了吗？我们继续读绘本。小猫咪终于找到了爸爸到达的目的地，找到了图上从侧面看是长方形、椭圆和长方形的建筑物。

当他走进建筑物时，就找到了自己的爸爸。

接着，我引导学生回顾数学绘本的过程，将观察物体的内容进行自主的复习和整理，并进行相关的练习。

回顾整节课，我们都能感受到绘本贯穿始终后，学生兴趣盎然地投入到复习的全过程中，在复习中不断促进学生思考和梳理。当数学绘本走进复习课时，不仅让学生产生兴趣，更多的是引导学生进行思考，在积极思考解决问题的过程中提升和发展。作为数学绘本，当学生在阅读后有了思考和成长，才能促进复习真正走向有效。

数学绘本，为复习打开了一扇窗，在复习中促进对所学内容的深入理解，促进学生在"阅读—思考—表达"中提升学生的思维品质，促进学生的数学学习走向深入。

三、数学绘本延伸新课，拓宽数学视野

在新知学习后，我们也可以利用数学绘本进行新知的延伸和拓展，这样的延伸和拓展，不仅可以丰富学生的认知，提升学生的认识，而且能够拓宽

学生的数学视野。

如，在《面积》一节课的教学中，我在学生学习了新知后，将绘本《公主殿下来的那天》引入课堂，加深学生对分数的认识和理解。

公主殿下要来我们村庄游玩，爷爷就召集大家做准备，动员大家从家里拿出给公主殿下使用的物品。

热心的村民就纷纷从家中拿出了物品供公主殿下使用。在物品的摆放中，就有了大小之分，于是，我引导学生结合图片来说一下自己的想法。

我首先呈现形状不同、面积一样的图形，通过用同样的物品进行度量，不仅丰富了学生对面积的理解，而且促进学生在面积学习的过程中有了比较的意识。

接着，我呈现了孩子被子和父母被子的比较，通过相同物品的排放，引导学生感受面积大小的不同，理解面积的意义。

这样的拓展阅读，不仅丰富了学生原有的认知，而且拓宽了学生的思维，促进学生在阅读绘本中得到发展。

数学绘本采用图文并茂的形式吸引学生，在数学教学中，我注重将数学绘本阅读与数学学习有机结合起来，会更好地促进学生的思考，促进理解的深入。

绘本 + 数学，是小学数学教与学的新方式，在阅读视域下的数学能更好地促进学生在积极的阅读过程中进行智慧地思考，在积极的思考过程中进行提升思维的品质。绘本 + 数学，阅读是手段，通过阅读，不断丰富学生的认知，能够在阅读的过程中透过文字找到背后的数学思想，找到数学的思考，引领学生智慧地思考。绘本 + 数学，关注的是阅读，但核心是促进数学思维的发展，通过阅读，不断促进学生的思维发展。绘本 + 数学，不仅可以培养学生阅读能力，而且有助于学生个别化学习，使每个学生能通过自身的努力达到各自可能达到的水平。研究也表明，构成一些学生学习数学感到困难的因素之一是他们的阅读能力差，在阅读和理解方面特别弱。因此，促进学生思维的发展，使数学学习变得有趣、好玩很重要。绘本 + 数学，用新的方式打开数学教学，引领学生在智慧阅读中学习有用的数学。

聂智　商丘市第五中学

中小学正高级教师，中原名师，河南省特级教师，河南省教育先进工作者，河南省教师教育专家，第六届“语通杯”全国十佳教改新星。两次获河南省优质课大赛一等奖，多次执教省市级观摩课。

用活动激发真实的学习

在课堂上，我经常追问自己：这些内容是学生需要的吗？我采用的是智慧适宜的教学方法吗？我充分让学生活动了吗？在带领工作室的学员时，我引领他们思索：语文是一门怎样的学科？我们上的语文课姓“语”吗？我们带领学生浸润到语言文字当中感受汉语之美了吗？越沉入其中，我越乐此不疲，越发感觉到语文教学乐趣无穷。

浙江省著名特级教师肖培东老师说：**语文教学应以语言为核心，以语文活动为主体，以语文综合能力的提高为目的**。只有开展适宜的活动，才能让语文课堂充满生命的活力，才能充分展示学生的创造力，才能让真实的学习发生。真实的学习，不应是单纯地由教师在课堂上传授固化的知识，而应尽可能设置情境，让学生利用知识解决问题，使知识在学生的脑力劳动中、在学生的相互关系中、在精神的交流中活起来。

要想充分利用课文、设计有效的学生训练活动，我们必须具有崭新的“三观”：**崭新的教师观——教师不是单纯的知识传授者，而是学生学习过程的引领者、促进者；崭新的学生观——学生不是接受知识的被动学习者，而是探索、建构知识的主动学习者；崭新的课堂观——课堂不再只有狭隘的教材**

层面的知识，而是与师生的生活经历、生命体验融为一体的动态知识的生成过程。

那么在统编教材的背景下，我们如何有效地设计语文课堂活动呢？

一、要有强烈的“教材意识”

统编初中语文教材突出学生的主体性，从内容到形式，均注重构建利于学生自主学习的助学系统，力求使教材不只是教师的教本，更是学生的学本。“预习”“思考探究”及“积累拓展”等助学系统中的内容，我们应争取在教学中得以体现并妥善解决，但不能生搬硬套，而是要根据学情加以整合、优化，由浅入深、环环相扣地设计阅读教学活动。

统编教材构建了“教读—课内自读—课外阅读”“三位一体”的全新阅读学习体系。我们在设计活动时应具有整体意识，让“三位”成为水乳交融的一体。《智取生辰纲》是一篇教读课，而《水浒传》又是九年级上册推荐阅读的名著，如何由课内走向课外，借助这篇文章教给学生阅读方法呢？课堂上我设计了如下活动：

（1）先让学生用一句话概括本文的故事情节。如果学生用题目来概括，请补充出主语。

（2）然后出示原著本回目的标题：杨志押送金银担，吴用智取生辰纲。请学生思考：能否把“取”换成“夺”“抢”“劫”？从文中找出依据。

（3）“取”突出了“智”，怎样才能算得上“智”？请学生从晁盖等人的视角，用下面的语句开头来讲述“下药过程”这段故事。

“我们几个看着白胜挑着一担酒来到黄泥冈，众军汉要买酒，杨志不允许，双方正在僵持……”

（4）作者要赞扬的是众英雄，可是却用了三分之二的篇幅去详尽叙述杨志押送生辰纲的过程，突出杨志的“智”，这有何作用？能否将杨志“押送”改为“智送”？

课堂上四个主要活动紧紧围绕“回目”展开，最终使学生明白，阅读古典章回体小说时我们要充分重视回目，在回目中我们可以了解情节、把握重点、明白构思、明确态度。这样既抓住了文体特点，又让学生习得了阅读方法，无疑交给了他们一把课下打开《水浒传》这部名著大门的钥匙，有效地落实了教材“三位一体”的编写理念。

“活动·探究”是统编教材的新亮点。八年级上册第一单元“新闻单元”，是该套教材的第一个“活动·探究”单元。如何让学生的眼、耳、口、鼻、手、思维都真正动起来？著名特级教师宁鸿彬教学的《人民解放军百万大军横渡长江》一课给了我们很好的启发。在“了解感受新闻的结构”这一环节，宁老师为学生设计了三个活动：①用一句话说出这则新闻的内容。②用一小段话说出这则新闻的内容。③用几段话说出这则新闻的内容。

这一设计神妙至极，在不动声色中令学生全然把握新闻的结构要素：标题、导语、主题，同时学习并实践了对新闻结构的分析。不是浅层的了解，而是深刻的内化；不是单向地硬灌或死记硬背，而是精心引领下学生的自由建构。这体现了教者重体知而非认知的教学智慧。

紧接着在“感受新闻的类性”这一环节，宁老师又围绕标题设计了两个活动：①把标题“人民解放军百万大军横渡长江”改成“人民解放军百万大军胜利渡江”，行不行？结合课文说明自己的看法。②这则新闻写完了，先不发表，等着渡江战役胜利了再发不就可以用“胜利”二字了吗？这两个活动既让学生深化了对文本内容的理解，又能让学生进一步体味新闻语言的准确性，还能加深学生对新闻两大特征——真实、及时的体知，让学生在阅读实践中建构新闻本体性知识，可谓一举多得！

二、要有强烈的“课型意识”

统编教材将阅读教学分为教读课和自读课。我们必须明白：

首先，教读不等于精读。精读，是与略读相对而言的。精读与略读着眼于学习的内容，读什么、读到什么程度。教读与自读着眼于学习的方法，着眼于学生。教谁读，教他什么、谁自己读、用什么方法自己读。

其次，教读不等于自读。教读强调的是“授人以渔”，“扶”着学生，帮他们学得阅读方法、获得阅读体验。自读强调的是学生运用在教读中获得的“渔”——阅读经验、阅读方法和策略等，自主阅读，进一步强化阅读方法，沉淀为自主阅读能力，目的是用“法”得“鱼”。从学习方法的角度看，教读课重在“学方法”“练方法”，自读课重在“试方法”“用方法”。

如教读课《皇帝的新装》在梳理故事情节这一板块，我们可以设计如下活动：①学生交流，关于快速阅读，你平时有哪些好的方法？（也可以关注“思考探究一”）②请同学们用七八分钟时间快速阅读全文。③找出故事线索，用线索作为关键词概括梳理故事情节。（提示：可用线索组词法）

最后我们引领学生明确：以“新装”为线索概括情节，爱新装——做新装——看新装——穿新装——展新装；以“骗”为线索概括情节，设骗——受骗——助骗——传骗——揭骗。第一种梳理中的“新装”是物线，围绕物线梳理情节是一种较为常见的方法，物线的主语往往是固定的，比如这里主语都是皇帝。第二种以核心事件“骗”为线索，在核心事件面前，每个人的表现都不一样，骗子设骗，皇帝受骗，大臣官员助骗，百姓传骗，小孩揭骗。这样学生获得的不是死板的情节内容，而是灵活的概括策略——既可以用事件线索来串联故事，还可以用物件线索来概括情节。

教读课不仅仅教知识，更教方法，在活动中我们始终要有“学法意识”，学生获得的不仅是“是什么”的陈述性知识，更是“怎么做”的程序性知识。

在自读课中如何引领学生实践方法？于漪老师教学的《晋祠》给我们树立了一个典范。这堂课于老师设计的核心活动是：学生听写《中国名胜词典》中“晋祠”的词条，将词条内容按句标好序号，然后快速浏览课文，把词条里的有关内容和文章上的有关段落对应起来比较阅读，从“为什么这样写”的角度思考，引导学生去质疑、评析文本，从而使学生的认读能力、理解能力、质疑能力、鉴赏能力一一得到合理的训练。从于老师的课中我们可以发现，教师在学生自读中所起的重要作用——梳理自读的流程、明确自读的重点以及提供拓展自读内容的相关材料。最后一条尤为重要，因为这体现出老师对于自读的方向、内容的把握，同时也让课堂的容量得以扩大，让学生的视野更加开阔。

于漪老师说：“语文教学不仅需要知识，而且需要智慧。”相信只要我们把握住统编教材的特点，开动脑筋，一定能设计出适宜的语文活动，激发学生的思维，掀起头脑风暴，让我们的语文课堂活力满满、精彩无限。

李永强　洛阳市实验中学

中小学高级教师，中原名师，河南省教师教育专家，河南省名师，河南省教学标兵。曾获全国优质教育成果优质课类一等奖，河南省教学技能竞赛一等奖。主持《主体性“互联网 + 初中课堂”教学改革实践研究》获河南省基础教育教学成果一等奖。

3E 课堂，化“学”动力

3E 课堂，是以三种课堂活动类型——实验（experiment）、精讲（explain）、练习（exercise）（简称“3E”）为研究单元，对课堂模式拆分研究形成的课堂教学方式。它是我们“‘主体共生课堂’培育初中生科学探究与创新意识的研究”课题组，经过几年的研究，在主体共生课堂 1.5 版（主体共生课堂是翻转课堂结合我校办学思想提出的一种课堂教学模式）的基础上，结合化学学科核心素养，提出的化学学科主体共生课堂 2.5 版的一种课堂教学方式。

一、3E 课堂教学环节

（一）实验环节

化学是一门以实验为基础的自然科学。化学课堂的翻转需要强化实验教学，因此，设置实验环节，在学生预习实验的基础上，给学生提供更多的操作机会。

实验的翻转是非常有必要的，实验的先学后教存在很大难度。首先，我们在教学过程中发现，让初中学生在课堂上看着课本去独立进行实验操作是很难实现的，而教师在课堂上的操作讲解又会占用大部分的时间。其次，我们发现在教师演示实验的过程中，学生往往更多地在关注现象，而实验目的、实验原理或者更深度的实验设计意图是需要学生在实验前就明确的，但这些如果要在课堂演示实验前告知学生，会受到教学时间的影响，导致学生思考不足，被动接收，同样达不到应有的效果。此外，在科学探究的过程中，实验的设计很大程度上需要依赖查阅资料，学生在课堂上的资源获得途径受到很大限制。如果把部分实验内容放在课前自主学习部分，就能很好地解决上述问题。

实验的翻转必须考虑以下几个问题：哪些可以自主学习？期望学生通过自学达到什么程度？探究式实验通过自学，会在实验前得到结论，如何处理？为了解决上述问题，**我们设计实验报告表格，该表格分课前、课上两部分完成，学生在课前填写实验目的，知道为什么做这个实验；填写实验原理，知道为什么可以这么做，预测可能观察到的现象；填写实验步骤，知道实验怎么做，以便课堂上能独立完成实验；在课堂上实验环节填写实验现象，锻炼学生对实验现象的观察和描述能力；给其他组展示，通过讨论，学会反思总结。**

以质量守恒定律的验证实验为例，传统教学采用的是教师演示实验：红磷燃烧、铁和硫酸铜反应、碳酸钠和稀盐酸反应、镁条燃烧，学生没有动手操作的机会。**主体共生课堂 1.5 版采用课堂分组实验的方法，将学生分成四个小组，每个小组进行一个实验。**实际教学过程中我们发现，这些实验的注意事项有很多，如红磷的引燃、铁钉的打磨、碳酸钠和稀盐酸的同时称量、镁条燃烧实验中的镁条损失……这些都需要在教师的指导下完成，教师“奔波”于四个实验小组之中，很难全面照顾到整个班级的学生，教师的讲解也延长了实验时间，并且，学生对自己组的实验比较了解，对其他组的实验却没有很深的印象。相比而言，3E 课堂中的实验环节凭借实验任务单，帮助学生在课前对四个实验进行了充分理解，能很好解决上述问题。同时，在提高课前自主预习效果的前提下，可以把更多的教师演示实验变为学生分组实验，增加学生的操作体验机会。

对于探究性实验，课前自学主要关注实验的设计，以“探究人体吸入的空气和呼出的气体”为例，参考科学探究的基本步骤，设计如下探究性实验预习报告。

探究人体吸入的空气和呼出的气体

提出问题：人体吸入的空气和呼出的气体有什么不同？

做出猜想：根据呼吸作用会吸入______、呼出______做出猜想。

猜想① 呼出的气体中______的含量比空气中高；

猜想② 呼出的气体中______的含量比空气中低；

猜想③ 呼出的气体中水蒸气的含量和空气中不同。

查阅资料：如何检验氧气含量的高低？________________

如何检验二氧化碳含量的高低？________________

设计实验：1. 收集呼出的气体。（提示：可以在家尝试用图示的排水法）

2. 验证氧气不同：____________________

3. 验证二氧化碳不同：____________________

4. 验证水蒸气不同：____________________

探究性实验课前自主学习报告示例

（二）精讲环节

针对主体共生课堂 1.5 版课堂过于强调学生展示、学生讲解的现状，3E 化学课堂设置精讲环节，强化教师的引导作用，重视教师的讲解，课堂重“精”不重“全”。

主体共生课堂 2.5 版课堂上的“精讲”，**是教师在学生课前预习反馈的基础上，对学生预习中存在的突出问题、难点予以梳理，进行二次备课**，以及对实验环节中的问题和产生的异常情况进行搜集整理后，进行有的放矢地“精讲”，使课堂讲解更具针对性，效率更高。

（三）练习环节

传统课堂知识的内化需要靠学生课后完成一定量的作业来实现，在这个过程中没有教师指导，往往不能保证学习质量，我们将继续沿用主体共生课堂 1.5 版课堂“翻转”的原则，把学生写作业的时间放在课堂上，即课堂保留练习环节，**学生当堂进行练习，个别问题单独指导，课后不再留作业，同时，将学习任务单中的课堂练习部分进行筛选改编，以更好地保证练习的效果。**

二、3E 课堂教学实例

以人教版九年级化学上册第三单元课题 1《分子和原子》为例。

（一）实验

学生进行分组实验，观察并记录实验现象。

实验一：向盛有热水和冷水的烧杯中加入少量品红，待静止后，观察发生的现象。

实验二：把 100 mL 水和 100 mL 酒精混合，观察混合后的体积变化。

实验三：把注射器的针头去掉，用拇指堵住出液口，推注射器的活塞。

教师演示氨分子的运动改进实验（如右图），分析实验现象，比较改进前后的优缺点。因学生在课前观看过课本演示实验，教师可以直接演示改进实验进行对比。

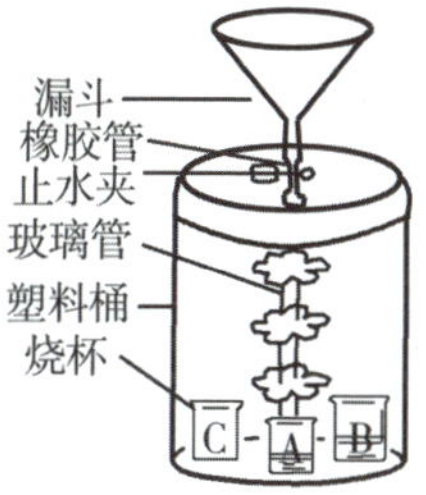

（二）精讲

活动一：总结分子的特点。

【提问】通过课前学习和分组实验，你能不能总结一下分子有哪些特点？

【回答】

（1）分子的质量和体积都很小。

（2）分子是不断运动的。温度越高，分子的运动速率越快。

（3）分子之间有间隔。气态分子间的间隔较大。

活动二：物理变化和化学变化的区别。

【展示】教师引导学生通过 Flash 动画对比两种变化，并归纳相关内容。

水蒸发

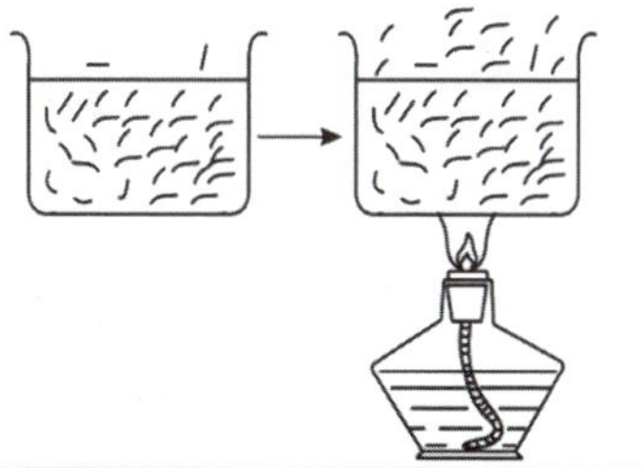

水通电分解

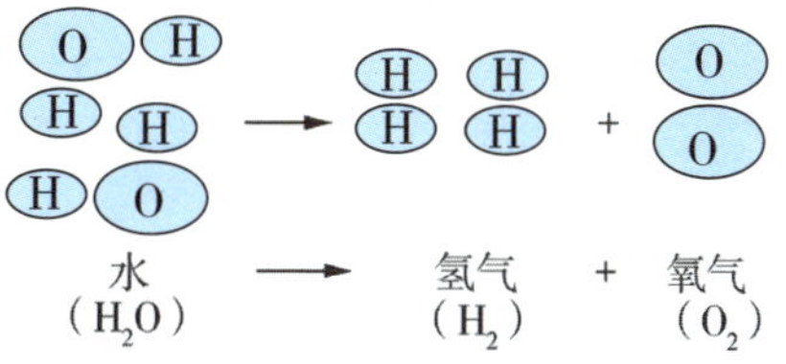

变化：	物理变化	化学变化
分子：	没有改变	发生改变
化学性质：	没有改变	发生变化

【分析】

（1）水变成水蒸气，水分子没变，水的化学性质没变。

（2）H_2O 分解生成 H_2 和 O_2，水分子发生改变，生成氢分子和氧分子，H_2O 的化学性质当然就不能保持。

【结论】

（1）由分子构成的物质，分子是保持物质化学性质的最小粒子。

（2）在化学变化中，分子可分，原子不可分。

（3）同种分子的化学性质相同，不同种分子的化学性质不同。

活动三：纯净物和混合物的区别。

【分析】我们知道空气是一种混合物，它是由氧气、氮气等纯净物组成的，而氧气是由氧分子构成的，氮气是由氮气分子构成的。可见空气中含有多种分子。

【结论】纯净物由同种分子构成，混合物由不同种分子构成。

（三）练习

小组讨论，解决课前任务单中第三部分课前自测中的问题，然后进行第四部分课堂练习，教师进行一对一的个性化指导。

不同教师的 3E 环节，有共性也有个性。共性是先学后教、探究式学习，该课堂模式给我们展示了不同情况的翻转方法，不同的是教师可以根据自己的授课风格调节三种教学活动顺序，对教学活动进行时间上的调整甚至根据需要删减掉任意一种教学活动，也可以在教学活动中加入个性化的内容。以人教版九年级化学上册第六单元课题 1《金刚石 石墨 C_{60}》为例，本节课的课堂教学流程如下表，实验环节更加注重学生的参与，精讲环节只选了其中两个难点进行讲解，练习部分既有课前自学答疑，又包括了传统课堂中的课后作业部分。

《金刚石 石墨 C_{60}》课堂 3E 环节

课堂环节	学生活动	教师活动	时间
实验	分组进行教材中的实验 6-1，记录现象，分析得出结论	个别指导	约 15 分钟
	观察实验现象，填写完成任务单中实验报告表	演示教材中的实验 6-2	
精讲	反思提升	组织学生对碳还原氧化铜实验进行反思	约 10 分钟
	理解碳的还原性	讲解碳的还原性	
练习	对课前练习进行讨论答疑，学生代表讲解	点评	约 15 分钟
	完成课堂练习	个别指导	

总之，这三种课堂活动环节不是每节课都必须有，可以根据需要删减，每个环节的授课时间也没有固定要求，这样可以让课堂更加灵活。对学生而言，这些固定的课堂活动环节使他们更熟悉课堂流程，从而更好地实现师生互动，达到更满意的教学效果。

实践证明，**3E 课堂激发了学生学习化学的兴趣，调动了学生学习化学的积极性和主动性，培养了学生发现问题及独立解决问题的能力；培养了学生善于合作、勤于思考、勇于质疑的能力；有助于学生科学探究与创新意识素养的养成。**

杨文普　南阳市第一中学校长

中小学正高级教师，国家“万人计划”教学名师，国务院特殊津贴专家，中原名师，河南省特级教师。出版《课堂教学的革命》《疑探教学论》等专著6部，主创的“疑探教学法”获国家基础教育成果二等奖。

疑探教学：探求“钱学森之问”

一、对教育现状的思考

为什么我国中小学生在国际大赛中屡屡夺冠，而影响世界和人类的重大成果却寥寥无几？为什么我们的学生少年聪慧而成年迟钝？为什么我们的教育起点“超前”而终点落后？很显然，不是国际大赛的规则出了问题，而是我们的教育出了问题，特别是学生养成创新思维习惯的黄金期——基础教育的育人方式出了问题。

教育最精湛的艺术所遵循的最高准则是引导学生提出问题，而目前基础教育的主流仍然是让学生被动地思考问题。从智育层面看，重学“答”轻学“问”，重“应试”轻“体验”；从德育层面看，主要是“说教”和“强制”。存在严重的技术主义和急功近利的错误倾向，同素质教育的要求相差较远。

二、疑探教学的实践

如何从根本上打破基础教育这种育人方式的困局？从2009年开始，我们进行大胆实践，首先把“质疑——探究”的思想引入课堂教学改革实验，通过自探生疑——合探解疑——再探质疑——构图编题等环节促使学生主动发现问题、独立思考问题、合作探究问题、归纳创新问题，同时养成敢于质疑、善于表达、认真倾听、勇于评价和不断反复的良好习惯，从而引发了课堂的革命。

学生在课堂上养成疑探的习惯之后，我们把疑探教学的思想从智育引向德育，从课堂引向生活，引导学生自己去发现问题、提出问题、明辨问题，对社会上、校园内、同学间的“真善美”事件进行大胆的质疑和评判，对自我行为习惯和人生理想进行独立的诊断和纠偏，从而实现了学生自我管理、自主育人方式的转变。

在河南，提起南阳一中，人们赞叹的可能是其在全省百万考生的重压下连年实现 90% 以上的重点大学上线率，也可能是其三年 3 次摘取全省高考“魁首”的幸运率，但真正令我们自豪的不是这些，而是学校每年有 200 多个学生拿到国家发明专利；是登峰杯全国中学生学术科技创新大赛获奖作品总数近三年一直保持在全国前两名；是近年来累计有 20 万名教师到学校交流考察；是全国有 20 多个省（市）在推广疑探教学的思想和方法；是我们有个宏大的目标：若干年后，学校要出现大发明家群体现象、大科学家群体现象和大政治家群体现象……

2018—2019 年南阳一中部分学生获奖情况

学生姓名	大赛名称	参赛课题	获奖等级	考入高校
赵品学	全国中学生学术科技创新大赛	《从城市内河治理到家庭分类排水的探究》	一等奖	北京大学
勾艺霖	全国中学生学术科技创新大赛	《关于抗战精神的现状及其传承的研究》	一等奖	北京大学
徐滢	全国中学生学术科技创新大赛	《关于生态农业水资源方面的优化方案设计研究》	一等奖	中国科学院大学
姚淞瀚	全国中学生学术科技创新大赛	《汽车自主悬浮装置的研究》	二等奖	北京理工大学
剧伦豪	全国中学生学术科技创新大赛	《染料敏化电池的创新研究》	一等奖	国防科技大学
范骄阳	全国中学生学术科技创新大赛	《关于世界语与英语的对比研究》	一等奖	上海财经大学
吕兴泰	全国中学生学术科技创新大赛	《基于压阻传感器和光电传感器的电梯空停解决方案研究》	一等奖	清华大学

三、疑探教学的具体内容

疑探教学旨在培养学生的创新精神，是以“质疑——探究”这一人类认识事物和解决问题的基本方式为主体流程的复合式、整体式的问题教学思想，其本质是学生高度的自主学习。具体地说，**疑探教学包括自探生疑、合探解疑、再探质疑、构图编题等环节。**

自探生疑：在课堂开始阶段，学生深度自学本节内容，初步自主构建思维导图，同时提出自己迫切需要解决的问题，师生归纳梳理后，从而形成共同关注的“主干”问题（即自学提纲）。如学生自学《鸿门宴》后提出了20多个问题：①《鸿门宴》的主人公到底是谁？②刘邦为什么能死里逃生？③项伯是个叛徒吗？他的人生结局如何？④鸿门宴中刘邦逃走后项羽后悔吗？⑤刘邦、项羽的性格有什么不同？⑥鸿门宴中两个团队的几个重要人物，谁是“赢家”和“败家”？⑦这篇文章的线索是什么？……通过归纳，把第①③⑤作为重点探究的问题，让学生深入思考，合作探究。

合探解疑：针对自学提纲的问题进行小组讨论，通过小组展示、全班评价、师生补充予以解决。

再探质疑：在基本完成本节学习任务的基础上鼓励学生质疑问难、标新立异，甚至异想天开，勇于向课本、教师及其他权威挑战。针对本节知识再提出新的更高层次的疑难问题，再次进行深入探究，从而达到查漏补缺，深化知识，发散思维，求异创新的目的。如学了《鸿门宴》之后，学生提出，鸿门宴中如果项羽杀了刘邦，能得到天下吗？学了《邱少云》之后，学生质疑，邱少云都被烧着了，为什么他身上背的手榴弹和炸药包不爆炸？学了《倒数》之后，学生提出，无限不循环小数的倒数怎么求？学了朱自清的《背影》后，学生问，为什么作者不从正面写父亲，而选择“背”面？学了《有理数》之后，学生问，为什么有理数“有理”，无理数“无理”？……有些问题看似幼稚可笑，但它最重要的意义在于激发了学生的问题意识。

构图编题：学生完善思维导图，形成完整的知识体系。然后围绕学习目标，尝试编拟习题，教师有选择地展示出来供全体学生训练运用。如果学生所编习题达不到目标要求，教师再把备课时预设的习题展示出来练习，在检查答题情况的基础上予以反思和归纳。

以上只是疑探教学新授课的基本环节，在中小学不同学段、同一学段不同学科、同一学科不同课型（如复习课、练习课、试卷评讲课等），还有着不同的操作程序。

四、疑探教学的重要价值

1. 在理论创新层面，构建了以“质疑—探究”为主体流程的教学策略，被誉为课堂教学的真革命

疑探教学与传统教学的根本区别在于：①传统课堂的导入常常是教师出示问题，引导学生进入文本；而疑探教学的课堂是学生提出问题，而后在学生探究中解决问题。②传统课堂的练习是由教师出题，教师评价；而疑探教学课堂的练习则是由学生自己编题，其他学生评价。③传统课堂上教师预设的问题多，生成的问题少；而疑探教学课堂上，教师常常被学生出其不意的质疑问住。④传统课堂常常要求学生通过导学案完成课前预习，课后作业；而疑探教学课堂没有导学案，提倡学生在课堂上深度自学，发现问题，提出问题。

2. 在实践推广层面，解决了课改理念不落地的现实问题

我所著作的“疑探教学研究丛书”——《疑探教学论》《疑探教学推进策略》《疑探教学学科应用》《疑探教学设计案例》《疑探教学问题解答》，创立了“三阶段六环节”教改推进路径。从理论构建、学科应用、案例设计、方法推进、问题解答等层面环环相扣地回答了实践中可能遇到的问题，便于操作。该丛书荣获 2017 年度河南省教育科学研究优秀成果特等奖。

“三阶段六环节”教改推进路径

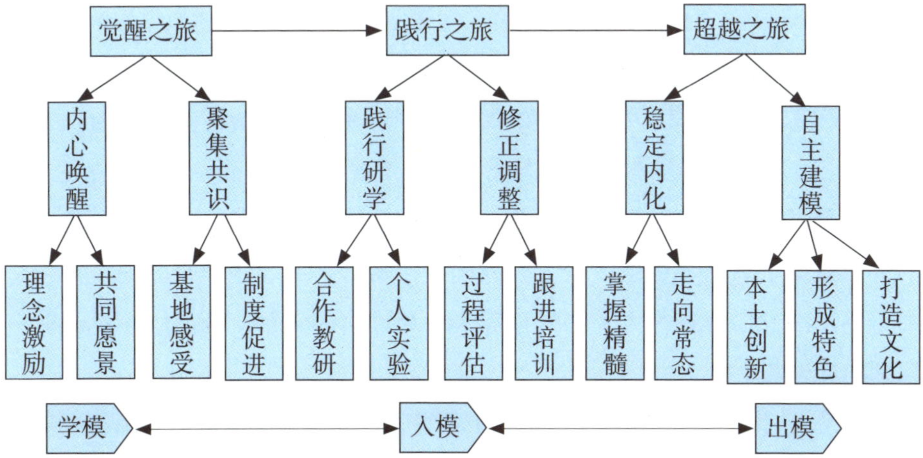

3. 在德育延伸层面，落实了“立德树人”的根本任务，引发学校管理的革命

我们把疑探教学的思想由知识层面迁移到管理层面，由传统意义上教师对学生的管理变为学生的自我管理、学生对班级的自主管理和对学生对学校的自主管理。

首先，把疑探思想引入班级管理之中。实行“一班两部”管理法，一个班级两套班干部，相互监督，相互协作。天天召开十分钟小班会，天天让学生发现班级问题，天天讨论制定整改措施，学生人人参与，班级高度自治，从而形成良好的班风。

其次，把疑探思想引入学校管理。为强化学生的主人翁意识，每学期开学初都要开展“我为学校发展献良策”活动，鼓励学生人人参与校务管理，大胆提出阻碍学校发展的各类问题并写出破解对策，学校组织专门评委，评出最佳建议奖，针对优秀建议，专门召开校长办公会议予以讨论，最终纳入新学期工作计划，学校不仅定期通报建议奖的落实情况，而且谁提的建议由谁监督执行。

最后，把疑探目光引向社会，引入生活。帮助学生养成疑探习惯，发现问题，争当小小科学家，发明创造，造福社会。

4. 在未来教育层面，疑探教学实现了与互联网的有机结合

互联网的介入，使学生对老师的依赖性越来越低，自主学习的程度越来越高，把疑探教学的改革实验推向一个崭新的阶段。在原有疑探教学的基础上，我们借助微信或钉钉系统等网络平台，促进学生与学生、老师与学生的交流互动，教师得以展示优秀思维导图或学生的自编优秀题目。互联网背景下的疑探教学，教室就像会议室，教师就像图书管理员，主要是帮助索引和个别的讲解。

总之，有什么样的教育就会培养出什么样的公民；有什么样的公民，就会给国家民族带来什么样的前途命运。纵观我国教育现状，从早年鲁迅笔下的“救救孩子”到新中国教育方针的确立，从著名的“钱学森之问”再到总书记提出的“培养什么人、怎样培养人、为谁培养人”，我们应该对此做出深刻的反思。

如果我们能在千千万万个孩子心中都种下创新的种子，何愁我国若干年后影响人类的重大科研成果乏善可陈？何愁我们的学校总是培养不出杰出人才？

刘向阳　郑州市第七高级中学

中小学高级教师，中原名师，英国诺丁汉大学访问学者，信阳师院师训专家，河南省教师教育专家，郑州市专业技术拔尖人才，郑州市首届名师。曾获全国中学英语教师教学技能大赛一等奖，河南省教学技能大赛特等奖。

支架式五步教学法

一、支架式教学法

支架原指建筑行业中的脚手架，被形象地借用到教学中，称为“教学支架”。“支架”首次被提及是在布鲁纳和伍德等人的《教学在问题解决中的作用》一文中，基于建构主义理论的支架式教学法于20世纪90年代末传入国内。**支架式教学法是指在教学中通过情境的创设和支架的搭建，帮助学生克服各种学习中的障碍，使学生的认知发展不断地穿越“最近发展区”，从现有发展水平提升到更高的潜在发展水平。**同时，支架式教学是一个动态的过程，始终以学习者为核心，其最终目的就是使支架消亡，让学习者独立，进而提高其知识、能力和核心素养。

在英语教学中，我将支架式教学法与高中英语写作教学深入结合，构建“高中英语支架式写作教学模式”，主张教师以学生为中心，结合写作任务搭建合理的、动态化支架，以提升学生的英语写作能力。写作支架分为以下类型：程序支架、概念支架、元认知支架、范文支架、问题支架、话语支架和情感支架等。

二、支架式教学法的基本环节

支架式教学法的基本环节一般包括：前期分析、支架搭建、支架式教学的开展和支架的调整与撤销。

前期分析的目的在于帮助教师搭建合理的支架，其中所包含的内容有：学习任务分析、学情分析和学生学习过程的预分析。学习任务分析是指教师对所要开展的学习任务从学科知识和学科目标两个维度进行具体分析。学科知识既指作为教育的学科，也指作为科学的学科。目标包括知识与技能目标、过程与方法目标、情感态度与价值观目标。对于目标的分析是为了更好地确定最近发展区中学生的潜在发展水平。学情分析指的是对学生现有的经验基础、知识储备、能力特征、学习方式及学生可能碰到的难点进行分析。学情分析的目的在于帮助确定最近发展区中学生已有的发展水平，以及对学生可能需要的帮助进行预测、提供依据。学生学习过程的预分析指的是对将要开展的支架式教学过程中所需要的情境创设、支架的层次建立和可能产生的生成性内容进行分析。学生学习过程的预分析可以帮助教师更好地在学生最近发展区内搭建合理的支架。

支架的搭建是为了联结学生已有的发展水平和潜在发展水平。通过搭建最近发展区内的支架，将已有的发展水平与潜在发展水平联系起来，从而使学生能够较容易地将自己已有的知识带入到新知识的学习掌握中，认识到新知识并不是凭空出现的，它源于自己已有的知识，并自觉地认同和接受它。支架的搭建也是为了引导学生的学习。对于学生来说，在面对一个新的学习任务时，有时会感到手足无措。支架将学习任务分解成若干个层次的子任务，并起到指引学生学习的作用。学生通过攀爬支架，一步步从已有的发展水平接近潜在发展水平。同时，支架的搭建还能促进学生主动学习。学生是学习的主体。支架让学生经历了教师或有能力的同学所经历的思维过程，有助于学生对知识特别是隐性知识的体悟与理解，从而使学生通过内化支架获得独立完成任务的能力，并在有需要的时候，帮助学生通过各种途径寻找或构建支架来支持自己的学习，达到学生主动学习的目的。支架的搭建具体涉及以下三个问题：

第一，是否需要搭支架？在支架搭建前，教师要先确定是否需要为学生搭建支架。这取决于两个因素：一是取决于学生的已有发展水平，二是取决于任务的难度和大小。如果学生能依靠自己的能力跨越最近发展区，或者学习任务本身对学生而言并无多大的难度，那就不需要搭建支架，因为支架只有建立在学生能力之上才有实际意义。

第二，在何处搭建支架？通过前期分析，教师对新知识的性质和学生的能力有所了解，预估学生可能存在的学习难点，并在该难点处设立支架。

第三，如何搭建支架？具体的支架搭建涉及支架的选择和支架跨度的确定这两个维度。一是支架的选择。不同的学生需要不同的支架。结合英语教学来说，有以下五种情况：①与教师或有能力的同学互动；②模仿；③设置逐渐复杂的学习任务；④从以问题为基础到以任务为基础的探索学习；⑤概念的形象化和表征。二是支架跨度的确定。支架与支架之间具有一定的跨度，而不同的跨度会产生不同的学习效果。若跨度小于学生所需要的跨度，学生就很容易陷入机械学习中，学生主动思考的机会就会丧失。若跨度大于学生所需要的跨度，那么学生会因为能力不足而无法顺利展开学习，从而使支架形同虚设，达不到预期的学习效果。

支架式教学的展开主要以三种形式出现：一是在教师指导下的独立探索，二是在教师指引下的小组学习，三是教师的讲授学习。这三种形式又会交叉出现在教学中，而这主要取决于学生学习的需要。

支架的调整是指根据对学生的评估适时调整支架，其目的就在于保证学生学习的积极性，真正促进学生的能力发展。**调整支架的手段主要有两种：一是调整支架的跨度。**若教师发现现有的支架对学生来说跨度太大而不能起到辅助作用，就要适当降低支架的跨度；若教师发现现有的支架对学生来说因跨度太小而有陷入机械学习的可能，则可适当调高支架的跨度，从而激发学生的求知欲，使学生主动积极地进行建构学习。**二是添加支架。**当教师发现学生的能力水平离预期的目标还有一段距离，而现有支架不足以支持学生达到预期水平时，教师就要适当地添加支架。如果不添加支架，那么学生就无法靠自身的能力跨越最近发展区，则支架式教学法不能起到相应作用。

支架的撤销主要存在以下两种情况：一是自动撤销。在学生的最近发展区内搭建支架的主要目的在于帮助学生从已有的发展水平顺利过渡到潜在发展水平，当学生的能力已达到潜在发展水平，可以通过自身能力在预期目标上进行独立学习时，支架便会自动撤销。**二是主动撤销。**支架从另一个角度来说也是一个一个的子任务，是为了帮助学生的学习而搭建的。但如果任务的拆分过于细碎，即支架与支架之间的跨度过小，学生就会容易陷入机械学习，违背意义建构的目的。因此，教师在学生学习过程中要及时判断支架是否适应学生的学习。一旦教师发现支架阻碍了学生的主动学习，就要及时撤销不合适的支架。

三、支架式五步教学法

一般说来，支架式五步教学法包括以下教学步骤：

步骤一：进入情境，指将学生引入一定的问题情境，并提供必要的解决问题的工具。

步骤二：搭建支架，指在教学中按最近发展区的要求，围绕学习主题为学生搭好支架。

步骤三：独立探索，指教师放手让学生自己决定探索问题的方法。

步骤四：协作学习，指教师组织小组协商、讨论。小组讨论前，小组内应明确各自的分工，每一个学生都要担任某种特定的角色（领导者、激励者、记录者、检查者等），且轮流担任，以实现小组角色的互换，增进学生与学生互动的有效性。小组讨论时，教师应深入到小组当中，通过学生之间、学生与老师之间的讨论，共享独立探索的成就，共同解决独立探索过程中遇到的问题。

步骤五：效果评价，包括个人的自我评价和集体对个人学习的评价以及教师的评价。评价要做到问题和探索过程融为一体，不能仅用脱离问题解决过程的标准化测验来评价教学效果。

结合高中英语写作的要求，我把英语支架式写作教学的步骤设定为：

Step 1, 导入写作情境：将学生引入一定的写作情境，激发其写作兴趣和写作欲望。

Step 2，搭建写作支架：为学生提供必要的写作支架，包括语篇结构支架、写作语料支架、写作策略支架等，引导学生思维，打好写作基础。

Step 3，探索尝试写作：鼓励学生自己尝试写作，引导学生完成初稿并对照自评量表开展自评。

Step 4，协作共享成果：设置小组讨论和集体讨论，共享初步写作成就的同时，对照互评量表开展互评和修改，并通过学生之间、学生与老师之间的讨论，共同解决独立探索过程中遇到的问题，学生再结合同伴的修改建议完成二稿写作。

Step 5，评价完善写作：对照教师评价量表，教师对部分学生的作品进行点评并提出修改意见，引导学生完成终稿写作。

总之，支架式教学法是一项系统工程，各个支架的排列组合具有程序性，教学设计中应体现其程序的规定性及联系性。同时，有效的支架必须具备三个条件：一是符合主观条件，即支架的设计应考虑学生的年龄特点、已有知识基础和师资水平；二是客观条件，即支架的设计还应考虑教学设备、地区差异等因素；三是具有针对性，其教学设计应根据学生的认知规律和总体课程标准设计教学进度，应参照学科核心素养和各年级的知识结构设计教学深度，应结合教学内容和具体学情设计教学强度。因此，在教学的不同阶段，应基于学生的个性化差异搭建不同跨度的教学支架，以提高教学有效性，打造高效课堂，大幅度提高学生的学业水平，整体推进学生知识、能力和素养的层级攀升。

刘新选 河南师范大学附属中学教师发展中心主任

中小学正高级教师，国家“万人计划”教学名师，“中原千人计划”领军人才，教育部中小学领航名师，中原名师，河南省教师教育专家，河南省新课程学科指导专家，河南最具影响力教师。

基于微课和慕课的翻转课堂探微

一、翻转课堂的源起

微博、微信、微视频、微电影，“微时代”在网络和移动终端日益普及的背景下悄然而至，教育领域顺应时代潮流也刮起了“微”旋风。以视频为呈现形式的微课和以网络为平台的慕课为教学改革提供了新的路径和视域，催生出翻转课堂教学法的创新实践。

微课（microlecture）也称“微视频课”。被誉为国内微课第一人的李玉平老师认为：微课是一种介于文本和电影之间的一种新的阅读方式，是一种在线教学视频文件，长度在5~10分钟，由文字、音乐、画面组成，学习者在音乐声中静静地阅读文字，欣赏画面，引发思考。它以短小精悍的在线教学视频为主要载体，针对某个知识点或教学环节而精心设计开发的一种可视化、情景化、趣味性的学习资源包，营造了一个自主的“学习小环境”。

慕课（Massively Open Online Courses）即大规模开放性的在线课程，也是一个网络学习平台，它是与微课高度关联的一对“孪生兄弟”。2011年，慕课之风首先在高等学校兴起。

翻转课堂（The Flipped Classroom）主要指“翻转”了传统的教学流程。它源于美国两位化学老师的“草根”教学实践。2007年春，他们开始使用录屏软件录制 PowerPoint 演示文稿的播放和讲课声音，并将视频上传到网络，以帮助缺席的学生补课，效果良好。继而，他们扩大范围：课前，学生观看教学视频；课上，师生互动答疑，整理归纳，个性指导，练习巩固。由此，翻转课堂成为教育界关注的热点，被加拿大《环球邮报》评为 2011 年影响课堂教学的重大技术变革。

近年来，国内学者开始关注翻转课堂，并投入了巨大的热情。华东师大国际慕课研究中心率先联合国内 20 所著名高中成立了“C20 慕课联盟”，这些学校借助慕课平台，积极进行翻转课堂探索，后来又成立了初中“C20 慕课联盟”和小学“C20 慕课联盟”。目前，翻转课堂作为一种新型课堂形态已被我国广大中小学校教师运用于课堂教学实践。

二、翻转课堂的意义

（一）技术推动变革

在网络和移动终端快速普及的今天，信息技术为教育信息化发展提供了硬件设备和软件技术，TED、可汗学院等慕课方式逐渐成为当下数字原生代学生的新宠，老师通过指导学生课前自学微课、导学案等“学材”，促使传统课堂组织形式发生“翻转”。

（二）顺应课改要求

杜威认为：知识除了探究，别无意义。为突出学生主体地位，学习方式必须以培养学生的学习能力为标志。学生的学习过程既不是被动接受式，也不是纯粹发现式，而是在教师的导向性信息诱导下的主动探究式。微课、慕课让学习变得随时随地可以进行；通过课堂探究、展示，课堂变得绿色、生态；通过“学游式”（网络闯关游戏）过关进阶训练，教学目标可高效达成。

（三）促进教学相长

为适应翻转课堂的要求，教师要录制微课视频，设计导学资源，就必须提高现代教育信息技术，学生也需要适应新媒介给学习带来的新方式，师生在共同利用新媒介的过程中转变观念，优化方式，习得能力。同时，微课可慢放和回放的界面，慕课的网络互联功能，突破了传统的听评课模式，方便教师间的交流，为校本教研、网络教研提供了新的载体和抓手。可以说，教育信息技术不会取代教师，但不懂技术的教师将被掌握技术的教师所取代。

三、翻转课堂的要求

（一）课程整体设计，构建知识图谱

以微课为载体的翻转课堂的教学模式需要设计制作优质的视频资源。与西方慕课不尽相同的是，我国的课程体系逻辑性、系统性较强，呈现出的不是零散的知识片段，而是有逻辑层次的知识体系，以利于学生把握知识间的关系，明了自己的学习需求，进行有目的、有意义的学习。

（二）制作优质微课，支撑课堂翻转

根据中学生的心理和认知特点，微课应根据教学内容来进行，应是主题突出、脉络清晰、言简意赅的学习媒体，还应是画面简洁、配乐优美、情感亲和的“学习小环境”，通过开发系列“微课群”，为课堂“翻转”提供支架。微课的制作，还可以借助“学游”的设计思路，在视频中间或结束时，设置一些检测性的小问答，提醒学生最好完成小测试后再继续观看视频，以保证自学效果。

（三）重构课堂活动，再造教学流程

翻转课堂不是在线视频的代名词。**翻转课堂除了教学视频外，还要设计导学任务单，为学生自主学习提供“路线图”和“方向标”，基于学情，以“问题”为导向，以动静转化为形态，再造教学流程**：课前自学，自我尝试；课上互动，点拨释疑；概括提炼，形成结论；过关练习，及时反馈；学后思悟，纳入系统。

以高中物理“超重和失重现象”一节为例：

学习目标	导学任务单	微课	学法指导	设计思想
知道超重和失重现象	观看微课 1，引发思考； 观看微课 2，回味生活体验； 根据现象，区分重力和“视重”； 观察重力和“视重”的大小关系变化及相应运动状态，找出产生超重和失重的运动学原因	微课 1：航天员王亚平太空授课中的水球实验和聂海胜悬空打坐过程。 微课 2：电梯中的台秤所受杯子压力的变化	以问题为导向，观看微课	再现情景，引发思考，由生活走向物理

续表

学习目标	导学任务单	微课	学法指导	设计思想
对现象进行理论分析；实验验证，理解内化	学会理论解释，理解现象产生的运动学原因	微课 3：用弹簧秤悬挂一钩码，将钩码由平衡位置向下拉离一段位移，释放，观察钩码运动过程，对现象进行分段建模和理论推导	建立模型，理论探究	经历过程，习得方法；逻辑推理，加深理解
能在简单问题中直接识别和应用	课前自测		自解；互助；点拨；设计实验	练习测学
理解完全失重现象及产生原因	课中检测			达标固学
能力与情感培养	实践活动			拓展扩学

（四）提升教学技能，加速专业发展

较之传统的教学方式，翻转课堂重在增加师生之间的互动和个性化辅导，教师应花更多时间去研究基于学情的个性化学习，创建友好的学习环境。因为课堂“翻转”的目的在于确保课堂上有充足的时间用于师生互动，学生会提出各种问题，老师会及时捕捉信息，形成解决方案，这将“倒逼”教师加速提高学科素养和教学技能，从而促进教学相长。

四、翻转课堂的优势

传统课堂教学形式主要为“老师讲解 + 课后作业”，而翻转课堂的教学形式主要是“课前学习 + 课堂探究”，这种教学流程的“翻转”，顺应了时代潮流，契合了课改理念，遵循了教育规律，贴近了教改实践，彰显了翻转课堂教学法的理论和实践优势。

（一）教学理念生为本

翻转课堂教学法倡导自主、自控、合作，彰显了“人本主义”的教育理念。在翻转课堂模式下，学生是学习的主体，教师则成为学生学习的指导者、合作者和促进者。

（二）核心素养有落实

课堂翻转是基于“问题解决”的学习方式，关注学习过程，重视方法习得，显性化难点疑点，为课上动态生成做好铺垫，增加了互动参与度，减少了合作边缘化，以学习情感体验，促核心素养落实。

（三）微课视频小精活

微课是以知识体系为主线开发的系列化教学切片，如讲解一个概念、阐释一个规律、评析一道例题、解答一个疑惑、再现一个实验、讲述一段物理学史等，主题明、容量小、时间短、情景化，学生能够有效聚焦，增强学习的针对性和时效性。

（四）网络学习全时空

微课的核心价值在于“微”，视频制作采用 rm、wmv、flv 等流媒体格式，支持网络在线播放，既可在线流畅观看，也可利用手机 APP、电脑等可视终端，学生可以根据自己的理解能力和视听速度，自主掌控学习的进度和深度，实现移动学习，没有了传统课堂上“人灌”+“机灌”的“混合灌”教学。

五、对翻转课堂的展望

虽然，翻转课堂以其丰富的资源、快捷的传输、方便的终端，为学习者打造了一种真正基于学习需求的平台，是现代教育信息技术背景下教学方式的创新，但也不是课堂教学的“百应”灵丹，也有其自身的局限性。实践中，如何通过目标定学、学案导学、微课助学、组内互学、点拨扩学、练习固学、达标测学、反馈悟学等各要素的灵活组合，相机诱导，都需要教师做中学，感中悟。同时，教师还要面对来自家长的不理解，学生的不适应问题，看似方案完美，有时并不奏效，教师该如何改进?

问题不可怕，关键在于只要是我们认准的，就大胆尝试，尽管探索的路上会有曲折。只要我们在继承发扬创新精神，灵活运用，就会有效管控风险。同时，我们也看到，随着我国无线宽带技术、网络视频技术、现代教育技术和智能移动终端的升级换代，一定会从技术层面为教学改革提供更大空间。

总之，翻转课堂作为新的课堂形态，符合学生的认知规律和心理特征，顺应教育信息技术的发展潮流，是对传统教学的继承与创新，定会在教学实践中彰显其功能价值，让课堂更加绿色、生态、高效!

第四章

教学评价

——让课堂更高效

谢瑞莉《雾在哪里》教学视频

张凤仙《掷一掷》教学视频

王向青　郑州市教工幼儿园保教主任

中小学高级教师，中原名师，河南省教师教育专家，河南大学、郑州幼儿师范专科学校、郑州师范学院“双导师制”指导教师，河南省教育厅学术技术带头人，河南省名师，郑州市名师。

核心素养背景下幼儿园户外体能课程开展的实践与思考

基于《中国学生发展核心素养》的幼儿园课程建设，就是践行《幼儿园3—6岁儿童学习与发展指南》（以下简称《指南》）精神，遵循教育规律，把幼儿发展核心素养作为课程设计的依据和出发点，有力推动核心素养在幼儿阶段生根发芽，为其后续学习和终身发展奠定坚实的基础。

郑州市惠济区天地湾幼儿园是郑州市教工幼儿园的一所帮扶园，在这里，每一个幼儿都是独立的个体，都有自己特有的发展时间量表和内在的发展规律，遵循幼儿发展轨迹。创设多元的环境，提供适宜的课程，让幼儿成长为他应该有的样子，是我们永远追求的工作目标和价值取向。

遵循幼儿自然发展的规律，支持幼儿自然成长，为培养适应自然的社会人奠基是我们幼儿园“自然教育”园所文化的内涵。“自然教育”园所文化打造的过程，也是天地湾幼儿园“聚焦幼儿核心素养”实践与探索的过程。

一、“自然教育”户外体能课程设置的背景

1. 基于幼儿核心素养及幼儿体质发展的需要

（1）《中国学生发展核心素养》中健康生活的重点是具有安全意识与自我保护能力；掌握适合自身的运动方法和技能，养成健康文明的行为习惯和

生活方式；具有积极的心理品质，坚韧乐观，具有抗挫折能力，这恰恰与户外体能课程设置的目标相一致。

（2）《指南》“说明”中明确指出“以促进幼儿体、智、德、美各方面的协调发展为核心”。儿童的全面发展，体育优先，全身肌肉运动是儿童的生长发育最显著、最有效的投资。

（3）体育运动是当今医务和教育工作者极力推崇和倡导的。

2. 基于幼儿学习特点与兴趣的思考

《指南》指出：要“理解幼儿的学习方式和特点”“最大限度地支持和满足幼儿通过直接感知、实际操作和亲身体验获取经验的需要”。

3. 基于幼儿园户外场地的客观条件

天地湾幼儿园相对宽阔的户外场地及幼儿园所处的惠济区的生态宜居区域文化的打造，为幼儿园开展丰富的户外体能课程提供了无限可能和客观保障。

有了以上的问题和思考，我们通过“激发运动兴趣”“创造运动机会”“优化学习方式”来构建户外体能课程体系。

二、“自然教育”户外体能课程内容的设置

1. 体能课程的目标

在核心素养背景下，关注幼儿全面发展与均衡发展是目标。我们秉承“让幼儿回归自然，把游戏还给孩子”理念，倡导在“自然”与“挑战”的平衡中和谐促进幼儿健康发展的精神，凝练出体能课程的培养目标是“健体健心，自理自信，动手动脑，全面发展”，课程实施目标是“玩运动、乐发展”。

2. 体能课程的结构与内容

幼儿园课程的生活化，要求我们将知识、技能及品德还原为经验，关注幼儿自己的生活，从现实生活中发现和寻找课程资源，从现实生活中让幼儿感受世界的美好和趣味。**核心素养关注“健康生活、学会学习、实践创新”，这些目标的实施同样离不开生活，所以幼儿园体能课程内容的选择来源于幼儿感兴趣的生活，这样才能确保幼儿阶段核心素养的萌芽。**

（1）基础部分。每天一次早锻炼和课间操、每周一次集体教学活动、每天两次户外区域活动、每季一次亲子运动课。

（2）园内拓展。足球课程、体能大循环、民间游戏。

（3）园外社会实践。户外生存、户外实践。

三、“自然教育”户外体能课程实施的步骤和途径

（一）实施理念

自然教育的理念——尊重教育规律，教育即生长。

深度学习的理念——课程实施的过程突出“体验式、生成性”。

过程评价的理念——课程突出“立足能力、重视过程”的评价原则。

（二）实施要点及步骤

1. 借助多种手段为幼儿提供资源保障

天地湾幼儿园全体教职工一致致力于精心打造、升级拓展户外空间，形成地面与空中相呼应的立体格局，努力使幼儿园成为幼儿喜欢的生态、探索和冒险乐园，分别打造的跳跃区、攀登区、沙土区、休闲区、体能发展游戏园、创客空间、体育竞技区、水区、平衡区和足球场区等10个有特色的户外区域，在满足幼儿运动需求的同时，激发幼儿探究、运动的兴趣，诱发幼儿主动思考和自我挑战，让幼儿在挑战中锻炼学习品质，每天在玩中自然成长。这也是核心素养中科学精神、学会学习、健康生活目标在课程环境中的落实。

2. 回归“自主、挑战、多元”价值取向

梳理核心素养中的“注重能力培养以及为后继学习和终生发展奠基”的关键词，天地湾幼儿园户外体能课程回归真实世界的情境创设，突出“自主、挑战、多元”的课程元素。其中，“自主”包括自主选择、自主运动游戏两要素；“多元”包括场地的多元、材料的多元、运动形式的多元三元素；“挑战”，即鼓励幼儿在现有水平上敢于、善于自我挑战，以促进其动作技能的提高和学习品质的培养。聚焦能力的培养，有效地引领家长和教师逐步掌握可以促进幼儿学习与发展中的能力培养的教育方法与途径，帮助建立对幼儿的合理期望，达成为幼儿后继学习和终生发展奠基的目的。

3. 围绕精益迭代的课程组织实施

迭代式学习过程是不断重复、螺旋上升的过程。我们在具体实施过程中遵从“三真”策略。

首先是真需求。在理解孩子“真实的需求”基础上开展游戏，保证游戏时间及游戏的多样性。例如，幼儿每周都能体验一遍攀登区的攀、悬、吊、荡，体能竞技区的竞技比赛，平衡区的自我挑战，跳跃区的大胆尝试，丰富的户外游戏。

其次是真行动。整合现有资源和孩子的需求，进行孩子们真实可参与的户外多种体能游戏形式。重点体现在：一班一品——玩好一个民间游戏，编花篮、翻花绳、斗鸡、跳皮筋、抽陀螺等传承民间游戏的魅力，使幼儿园的课程资源丰富多彩。活动是幼儿发展的内动力。一周一练——全园性的体能大循环活动，每周四下午按时进行。一期一赛——结合年龄段特征，小班排球、中班运球、大班跳绳等不同类型的表演比赛，旨在促进幼儿动作的协调发展，并以此培养幼儿良好的学习品质。

再次是真支持。通过各种形式，大胆地把户外体能课程延伸到园外，真实陪伴孩子们一起游戏与成长。例如，走进基地开展的“户外生存体验活动”，有效拓展了幼儿经验。“追随幼儿发展的需求”，贯彻《指南》精神，开展每季一次的“远足实践活动”，让幼儿在每个季节的远足实践活动中，提高适应季节变化的能力、耐力，锤炼其意志品质。

4. 聚焦幼儿发展的多元评价

首先，明确评价的目的是“促进幼儿的全面发展”，通过评价，可以改进我们的教学方式和方法。其次，采用“任务进度单”的形式，根据幼儿在体能锻炼过程中表现出来的水平、状态，做好记录和资料的汇总。记录包含两类，一类是表格式，是对全体幼儿发展的评价；一类是行为观察式，对个体或者是对幼儿某种能力的观察与评价。再次，是评价主体的多元。我们有家长调查问卷式的对课程的评价（如大班家长问卷调查），幼儿在活动中的感受自评互评（观察与谈话交流），教师对课程阶段性、结果性评价，还有综合性评价，我们会采用成果展示的形式对课程评价，如年级冬季体育锻炼比赛、班级民间游戏观摩、园内足球联赛等对课程形成过程性监测与调整，不仅能促进课程的实施，而且更加有利于幼儿的发展。

四、“自然教育”户外体能课程实施的效果

整体效果是有力推动核心素养在幼儿阶段生根发芽，具体体现在：《指南》精神得到有效落实，保教质量不断提升，教师发生多个转向，家长进一步明确了四种定位，幼儿得到和谐全面发展。

（一）体能课程实施中教师的发展

1. 教育观念从教师为主体转向以幼儿为主体

幼儿园开展的每周一次的《中国学生发展核心素养》微学习、落实每月一次《指南》月考制，成为教师们专业成长征程中的一种习惯，有效促进了教师的教育观念从以教师为主体转向以幼儿为主体。

2. 教育行为从限制转向放手

幼儿园中处处可见的“葡萄架下的大胆攀高尝试、空中长廊体验区的空中悬吊”等冒险挑战，正体现了老师的教育行为从限制转向放手，最大限度地支持和满足幼儿通过直接感知、实际操作和亲身体验获取经验。

3. 伴随着教育价值的追求从知识本位转向能力发展，教育思想的落实从“看”转向“观察”

两年来，天地湾幼儿园通过持续开展的幼儿行为观察，全体老师都能在日常的教育实践活动中尤其是在户外体能游戏活动中，做到观察幼儿行为、倾听幼儿对话、询问幼儿困惑、解读幼儿需要、分析幼儿思维过程，保护幼儿的好奇心和探究欲望，促进幼儿的学习与发展。“幼儿行为观察”的专题教研，更是有效促进了教师角色由主导者到观察者的转变，也丰富了家园沟通，提高了专业能力。

（二）体能课程实施中家长的变化

通过家委会、家长会、家长开放日户外体能课程展示等活动的举行和引领，家长的育儿观念、教育价值的追求及家长在幼儿园的角色定位都发生了明显的改变，从重认知变成重能力，从相互攀比改变为以自己孩子为本，角色定位从“上帝”转变为学习者、参与者和支持者。具体体现在：

1. 家长成为《指南》的学习者

理念决定行动，向家长赠送《指南》、集体带领家长学《中国学生发展

核心素养》，目前通过家长合育工作室、家委会种子家长的带领，天地湾幼儿园在全体家长中学习《指南》已经成为一种风尚。

2. 家长成为幼儿园各项活动及管理的参与者

每天的互动式晨检锻炼和不定时的微发布，成为家长了解幼儿园工作的窗口。离园环节开展足球对抗赛、冬季锻炼展示等，帮助家长了解“指向幼儿核心素养”的幼儿园课程。合作参教、评价、献言让家长在幼儿园更具主人翁意识。

3. 家长成为幼儿园有力的支持者

“爸爸日”和“家庭日”活动的创新，弥补了父教的缺失，让家长从理念的认同走向家庭教育的常态。家长多形式参与到幼儿园管理、教学活动及幼儿发展的评价中。幼儿园以户外体能课程开展为抓手，引领家长教育价值追求回归能力培养，并使家长能够合理地找准自己的角色定位，那就是幼儿园活动和孩子成长的有力支持者。

（三）体能课程实施中幼儿的发展

幼儿的健康状况有所改观。对比 2015 年和 2017 年的全园幼儿的“六一”全面健康检查结果，我们发现幼儿的健康率、体重均上率、身高均上率均有提高，而肥胖、贫血发生率在下降。

科学进行体育活动，回到有效性、规范性的轨道，回到体育应有的价值取向，让幼儿的耐力、坚持、不惧挫折等品质在实践中彰显，这也是我们践行《指南》精神、落实核心素养的初衷。

户外体能课程，顺应了幼儿“玩”的天性，满足幼儿“真玩”的需求，还能激发幼儿对体育运动产生浓厚的兴趣，培养幼儿良好的运动习惯，发展幼儿的运动能力，鼓励幼儿在尝试“挑战自我”的冒险过程中获得自信，使自我控制和保护能力得到提升，创新、交往和合作等非运动能力的意志品质得到锤炼。

谢瑞莉　驻马店实验小学

中小学高级教师，中原名师，河南省名师，河南省教师教育专家。“让爱惠泽每一个孩子，关注孩子的自然生长、情感体验、内在幸福”是其从教20年来孜孜不倦的追求。

让每个生命在语文百花园中绽放

《义务教育语文课程标准（2011年版）》指出：“应充分发挥语文课程评价的多重功能，恰当运用多种评价方式，注重评价主体的多元与互动，突出语文课程评价的整体性和综合性。”在教育教学实践中，对课堂教学评价多一些思考和实践，让每个生命在语文百花园中绽放，是语文老师的责任和使命。

一、教育幸福源自评价变革

1. 评价变革，让我体验到了教育的幸福

“谢老师像妈妈，她非常爱我们，时刻把我们的冷暖安危挂在心头。”

“孩子越来越喜欢看课外书了！谢老师，真的非常感谢您！”

“谢老师，我们家孩子遇到你这样的班主任真的是太幸福了！”

孩子们和家长们对我的这些评价，比什么样的表彰都珍贵！关注每一个孩子，不断地激励每一个孩子，让每一个孩子都能健康快乐地成长。重视评价的激励功能，这让我体验到了教育的幸福感。

2. 评价变革，让学生找到了学习语文的快乐我从大语文教学理念出发，以评价为杠杆，利用评价的力量，撬动学生学习语文的兴趣，帮助我的每位学生找到学习语文的快乐，让每个生命在语文百花园绽放。

我的学生们也不是天生就喜欢学习语文的，为了帮助每个孩子学好语文，我从“多一把衡量的尺子，就会多出一批好学生”这句话中找到了灵感。掌握知识是评价的重要内容，但不是评价的重点，更不是评价的全部内容。想用一张语文试卷来有效衡量所有学生的语文学习效果，那是不现实的。根据学生的个性差异，从大语文教学理念出发，设计多元评价体系，用更多的评价项目来撬动学生的潜力，让我看到了更多各有所长的好学生。

二、创意源自对评价主体多元化的思考

李希贵老师曾说过“阅读是语文教学的生命”，语文这一学科的学习，必须通过大量的积累，才可以有一个提升。但令人遗憾的是，在很多时候，我们发现阅读成为很多学生不愿意做的事情。特别是能够坐下来认认真真读完一本书，对许多孩子和家庭来说更是一种不可思议的事情。为了帮助孩子们养成爱读书的习惯，我也做了许多尝试：比如在平时的早读时间比比谁读得更认真；在上课期间看看谁读得最流畅；组织读书分享活动；等等。在这些活动里，我作为老师，对学生的读书情况进行点评，对孩子们的阅读习惯的培养起到了一定的激励作用。

但是，也有一些学生告诉我，他们不愿意读书，是因为觉得书里写的内容与我们生活有距离，读起来很累；或者认为能够写书的人都是与众不同的人，读再多书也不能成为他们那样的人，索性很多时候就不读书了！怎么消除这些孩子与书籍的距离感呢？这段话让我思考，我萌发了让孩子自己制作一本书，在班级里进行展示交流的想法。在这个想法的基础上，我组织学生、家长共同参与，设计了“带一本书与美好的世界相遇”的活动。后来，学生告诉我，让他们爱上读书，明白读书之趣的最有意思的活动是“带一本书与美好的世界相遇”。

《义务教育语文课程标准（2011年版）》指出：“应注意将教师的评价、学生的自我评价及学生之间的相互评价相结合，加强学生的自我评价和相互

评价，促进学生主动学习，自我反思。”再次读到这段话，我意识到：教师的评价固然能激励学生，但如果让学生自主参与、自我评价、互相评价，应该更能调动学生的积极性。实践证明，在一些教学活动中，让学生成为被评价者同时也是评价的参与者，让评价的主体由老师变成学生，会收到更好的教学效果。正是对评价主体的思考，才让我有了“带一本书与美好的世界相遇”的创意。

三、过程设计源自加强评价主体之间互动的思考

在世界读书日到来之前，我给我所带的一年级的学生布置了一个任务，自己或在家长的帮助下制作自己的“第一本书”。在世界读书日当天，我给孩子们设计了三个学习活动：第一，孩子们展示自己做的第一本书。有的孩子的作品是打印日记并配上漂亮的插图，让人爱不释手。但是我和同学们最喜欢看到的是平时在语文测试中成绩并不理想的同学，骄傲地拿出自己手工制作的图书，向同学们介绍自己的图书创意时自豪的笑容！第二，学生互相欣赏同学的作品。虽然制作书籍的水平参差不齐，但在相互欣赏赞美的过程中，每一本书的小作者和他们的家长，都从别人的认可中，得到了更多的成就感。第三，孩子们上台推荐自己喜爱的第一本书。分享这样的图书创作过程中发生的有趣故事，展示读他们自己制作书的乐趣。

最后，我在活动结束前，告诉孩子们和家长们，让我们站在书籍的肩膀上去眺望世界的诗和远方，带着一本书与美好的世界相遇。孩子们手持自己做的第一本书和家长老师一起合影留念。

四、成功源自“多一把尺子衡量就多出了一批好学生和好家长”的理念

在整个学习活动中，虽然没有语文的纸笔测验，但是很多家长激动地说，看到了自己孩子语文学习的成效和进步；虽然没有老师点评孩子作品的优缺点，但是在同伴互相欣赏交流自己的第一本书中，他们早已明白了在书的创作过程中，什么是优点，什么是不足；虽然没有老师评价每个孩子的表现以激励他们学习语文的信心，但是，孩子们在展示自我作品时，已经用最自豪的笑容告诉大家，我有信心学好语文；虽然没有老师说教式地告诉孩子们要读书，但是孩子们在分享制作的故事和读书的乐趣时，已经做好了带着一本

书与美好的世界相遇的准备，一生的阅读好习惯，已从这里开始，扎根在孩子的心田。

五、成果源自对语文课程评价的多种功能的探索与实践

从这一活动之后，我不断坚持评价改革，采用了多种形式的评价，充分发挥语文课程评价的多种功能，促进孩子们的全面发展。

除了孩子们平时纸笔测验的终结性评价外，在写好字的学习过程中，我主要采用了形成性评价，着眼于孩子们的习字过程，及时揭示孩子们写字中存在的小问题，通过每次在微信公众号上的写字展示及时反馈，便于以最快速度改进教与学活动。我把孩子们的每次习作拍照后发在微信公众号上时，学生和家长都看见了每次进步的足迹。形成性评价充分发挥了评价的激励功能，让学生们坚定了写好字的信念。

在学生的日记书写上，我主要采用了漂流日记——这种成长记录袋的升级版评价形式。在“以人为镜，可以明得失”的理念指引下，充分发挥评价主体的多元特性，注意将教师的评价、学生的自我评价及学生之间的相互评价相结合，在日记漂流的过程中，发挥评价的诊断作用，通过同伴相互借鉴彼此习作之长，自我反省自身习作之短，在老师的引导下，迅速提升自身的写作水平。

在评价改革的探索之路上，我才刚刚起步，未来，我和孩子们、家长们一起，一定会更好地发挥评价的各种功能，以评价为杠杆，撬动一届又一届学生的语文学习兴趣，在传承中华传统文化、了解世界优秀文化，培养全面发展的优秀学生方面做出新的探索，让每个生命在语文百花园中绽放出最美的光彩！

李付晓　南阳市第十七小学

中小学高级教师，“中原千人计划”领军人才，中原名师，河南省特级教师，河南省名师，河南省教师教育专家，全国名师工作室联盟理事等。

自主评价：“学为中心”理念的落实

“学为中心”的课堂教学是指根据“学”的需要来定“教”的活动、“教”的策略，教服务于学，从而达成学生有效学习和学生良好发展的教学目标。在这样的自主学习课堂中，学生不仅能自主学习、主动探究，还能学会自主评价。如果学生在评价中不占主体地位，就会制约学生的发展。只有在教学过程中，激励学生自主评价，才能使学生成为学习的自律者和主动发展者。

一、自主评价的意义

自主评价是指学习个体依据一定的标准，对学习活动、学习过程和结果进行判断与评估。从广义上讲，自主评价是指一个人对自己的想法、期望、品德、行为及个性特征的判断与评估。由此可以看出，自主评价是自主学习的一个过程、一种策略、一条途径，可以更好地落实“学为中心”的理念。

《义务教育数学课程标准（2011 年版）》指出：评价的主要目的是全面了解学生学习的过程与结果，激励学生学习和改进教师教学。评价不仅要关注学生学习的结果，更要关注学生在学习过程中的发展和变化，通过评价得到的信息，可以了解学生学习达到的水平和存在的问题，帮助学生和教师进行总结与反思，调整和改进教学内容与教学过程。

在当下的教学中，大部分老师还不太重视学生自主评价能力的培养。学生学习的过程和结果还主要是由学校和老师来评价，尤其是由老师来评价。以教师评价为主的“他主评价”占据绝对主体地位，弱化了自主评价。自主评价和他主评价有着本质的区别，自主评价要求学生对自己学习的过程和学习的结果进行审视和诊断，进行自我促进与激励。学生通过评价自己的学习过程与结果，管理自己的学习行为，从而激发学习的主动性，促进自我教育，实现自我发展。

柏拉图曾说：最先和最后的胜利是征服自我，只有科学地认识自我，正确地设计自我，严格地管理自我，才能站在历史的潮头去开创崭新的人生。由此可见，自主评价对学生的发展意义重大，影响深远。它可以促进学生自我教育能力的形成，促进学生的终身发展。

二、自主评价的内容

自主评价能力是学生持续发展的关键能力。作为教师，我们不仅要做好自己对学生的评价，还要引导学生学会自主评价。对于小学生来说，评价什么内容、如何评价都需要老师的指点和引领。那么，自主评价的具体内容包括哪些呢？自主评价也应以课堂学习内容和学习目标为依据，体现数学学科的基本理念，全面评价在知识技能、数学思考、问题解决和情感态度方面的表现。**自主评价的内容主要包括三方面：知识习得、方法策略、课堂行为表现。**

1. 关于知识习得的自主评价

知识是形成技能、发展素养的基础，每节课我们都要尽量让学生自主评价知识学习情况。如何让学生对所学知识掌握情况进行自主评价呢？我经常让学生通过对照学习目标进行自主评价。当下的课堂教学，老师们大都能放手让学生自主探究知识。为了使学生的自主学习有方向，课堂上，教师会出示学习目标和与目标相匹配的自学指导，引导学生自主学习。

如《正比例》这节课，我制定如下的知识学习目标：①能说出什么叫成正比例的量、正比例关系。②能写出正比例的关系式。③能说出两种量成正比例关系所应具备的条件是什么。④知道正比例关系的图像是什么。⑤会判断两种量是否成正比例关系，并能说出理由。

我呈现给学生的学习目标都是细化后的具体的、可检测的学习目标。学生根据知识学习目标逐一对照，自主评价，既可以加深对数学知识的理解，便于将新知识纳入自己已有的认知结构中，为以后的学习打下基础，还可以让老师掌握学生学习的情况。学生通过学习目标开展对学习任务完成情况的反思，依据反思进行自主调节，从而实现自我激励、自我促进。

2. 关于方法策略的自主评价

由于学生的知识经验、思维水平等存在差异，所以在自主学习的过程中，他们探究知识的方法、途径会有所不同，这就需要学生在认真倾听同伴发言，理解其学习方法的同时，自主评价自己学习方法的优缺点，从而优化学习方法，掌握学习方法。例如：鸡兔同笼问题，“笼子里有若干只鸡和兔。从上面数，有 8 个头，从下面数，有 26 只脚。鸡和兔各有几只？”老师出示问题后，先由学生独立思考，然后小组讨论问题解决的方法。在汇报环节，有学生用“抬腿法”，有学生用“假设法”，还有学生用“列表法”，个别学生还用了“方程法”“画图法”。我让学生在欣赏其他同学的方法的同时，自评自己的方法。通过对五种方法进行比较和评价，学生不仅能比较出自己方法的优劣，还掌握了不同的方法。

课程结束前，我又引导学生进行反思：反思自己的思考过程，反思自己的思路，反思解答过程，反思结果正确与否；反思自己的书写；等等。这一环节教给学生反思的方法，促进学生有条理地表述自己的思考过程，培养学生良好的数学学习品格，促进学生学习能力的提升。

3. 关于课堂行为的自主评价

在自主学习的课堂中，我们不仅应重视学生对知识、方法的探究，而且也应该关注学生在情感、态度及价值观等方面的表现行为。课堂行为自主评价内容包括：是否积极主动完成了学习任务、对学习内容是否感兴趣、发言的情况、遇到的困难及解决的情况、与他人合作的情况、与老师和同伴交流的情况、对自己满意的地方是什么、自己的收获、是否认真倾听同伴的发言并积极进行思考、掌握了哪些学习方法、思维能力是否得以提高、提出了什么问题等，根据不同阶段选择自主评价问题。

我们可以通过以下问题引导学生自主评价：请回忆这节课的学习过程，你有什么样的学习体会？你能评价一下自己这节课的表现吗？这节课，你最大的收获是什么？这节课你遇到困难了吗？你是如何解决的？……此时，学生的自我反思、自主评价，不仅是对自己学习过程的审视，也是培养其表达能力的机会，表达比方法重要，学生评价的过程是理清思路的过程，也是生成智慧的过程。

三、自主评价实施的策略

1. 唤醒自主评价的意识

学生早已习惯了教师作为评价主体的“他主评价”模式，不敢、不善于自主评价，所以**在教学中我们要唤醒学生自主评价的意识，诱发学生学习的动机，有效提高学生自主评价的意识，培养学生自主评价的习惯**。我们要理解学生，尊重学生的发言，教老师和学生一起认真倾听学生自主评价的意见，要善于发现学生发言中有价值、有意义的想法，多鼓励学生，唤醒其自主评价的意识。

此外，我们还要引导学生认真倾听别人的评价意见，听明白别人的评价意见，更重要的是要“自知”，不要因为别人的评价而迷失自我，关键是要客观、冷静地认识自我、评价自我、完善自我、调节自我，使自己的学习实现最好的效果。

2. 创设自主评价的氛围

现在的课堂教学，很多老师还是舍不得给学生自主评价的时间，害怕学生自主评价时出现词不达意、表达不清的现象，影响讲课时间，所以干脆自己评价。由于长期的这种“他主评价”模式，使得学生不愿也不敢进行自主评价，这就更需要我们在课堂教学实践中，**营造和谐、民主的课堂氛围，拓宽自主评价的时空，让学生敢于自主评价，积极地进行自主评价**。老师要做到不急不躁，给学生思考、讨论的时间，让学生有更大的自主评价空间。

如在教学四年级《除数是两位数的除法》，计算 197 ÷ 28 时，列竖式计算时，在被除数前两位“19”够不够除数 28 除的问题上，学生出现了分歧。

有学生认为“19”够28除，因为它表示19个十，即190，190够28除；另一部分学生认为不可以，但又说不清楚原因。看到学生在算理上“卡壳”，我并没急于告诉学生为什么，而是慢下来，让他们充分讨论，然后分别陈述理由，进行自主交流评价。学生在争论中发现、体验，在自我认知更新中明白了算理，掌握了算法。由此可以看出，我们在课堂上给学生自主评价的时间和空间，营造自主评价的氛围，才能使学生积极主动地思考，真正成为课堂的主人。

3. 提供自主评价的方法

有了方法，才能实施自主评价。**要想让学生在课堂上进行自主评价，我们还要给学生提供自主评价的方法，这些方法要贴近学生实际，便于学生使用。**课堂上，可采取口头自主评价、练习题目自查等方式进行自主评价。除此之外，还可以给学生提供以下的自主评价方法：试题自测法，即老师提供试题，学生自测，对自己进行评价，老师通过抽查和检查，掌握学生的学习效果；问卷调查法；学习公约法；个人日志法等。通过学习过程的自主评价和学习结果自主评价，提高自我监控的水平，提高自主评价能力，实现自我的快速成长。

为了更好地落实“学为中心”理念，我们要将自主评价贯穿学生学习的整个过程，不断提高学生自我评价的意识和自我评价的能力。通过开展有针对性的自主评价，调动学生学习的积极性，加深学生对知识的理解和掌握；通过引导学生进行有效的自主评价，不断提高学生的自我监控水平，从而促进学生发展。

张凤仙　睢阳区胜利小学校长

中小学高级教师，中原名师，河南省中小学名校长，河南省教师教育专家，2018 年“感动国培”年度校长。2012 年 2 月，经教育厅推荐参加“中西部农村骨干教师赴美研修培训”。

“3W”分析表让学生思维可见

数学是思维的体操，培养学生数学思维能力是数学教学的首要任务。我们根据数学学科教学的特点，专门设计了针对学生的“3W”分析表，即What——这节课我学到了什么？Why——为什么是这样？How——本节课知识在哪里还可以用到？学生在一节新课结束后根据这三个问题（课的内容不同，问题也有变化）写出自己的研究手记，同学之间相互交流，最后汇集并上交老师，这也是学生的一个互相学习的过程。学生经过长期这样的思维训练过程，思维能力就会得到提高，思维品质也会得到改善。

一、在创设情境中引发思维

从“过程与方法”这一目标来看，任何学习过程都是一个发现知识、研究知识、探索知识的过程。教师从这一目标出发，把学生的每一个常态学习都当成一个研究活动，为学生搭建平台、创造情境，让学生通过动眼、动口、动手、动脑主动去发现体验数学知识的形成过程。如教学《搭配中的学问》时，把学生熟悉的事物创设成问题情境。课堂上从衣裤穿着的搭配问题情境入手，再进一步过渡到食物的搭配、路线的选择，慢慢地学生就会体会出它们相同的“乘法”结构模型。在课后的“3W”分析表中，学生明确提出可以用乘法计算，举出的应用例子更是想象丰富，这说明本节课的教学设计是有效的。

二、在体验感悟中激活思维

数学知识的学习应该从学生已有的生活经验和知识背景出发，引导学生大胆猜想并验证。例如教学《1亿有多大》时，创设“你知道1亿有多大吗”这一问题情境之后，先让学生大胆猜想，独立思考，然后分小组进行交流汇报。学生通过独立思考和小组交流，出现了关于1亿有多大的多元表述方式。教师针对学生的表述引导学生主动思考：如何验证自己的猜想？采用什么样的研究方法？并让学生明白：选择不同基数的物品进行测量，对实验结果的精确度可能会有影响，但是都能帮助我们体会1亿有多大。最后让学生完成“3W”分析表研究手记：①什么是亿？②1亿有多大？③为什么要学习亿？这样的数学学习既满足了学生的好奇心，又激发了学生自主探究的愿望，既让学生体验到成功的快乐，又发展了学生的思维。

三、在探索实践中优化思维

计算教学不仅让学生理解算理，掌握算法，形成技能，更重要的是在实践与探索中对学生进行思维训练，在经历算法多样化的同时，引导学生比较、分析、经历算法优化的过程，使学生在计算方面的学习路径更为清晰，体会数学的简洁之美。

以教学《9加几》为例，学生根据自己已有的知识，在教师的启发和引导下，使用自己的方法运算。由于学生生活的背景和思考的角度不同，所使用的方法必然也是多样的。学生呈现了“画小棒”“凑十法”“推理”等方法，面对算法多样化，教师引导学生进行分类梳理。作为教师，我们关键是要把握住基本算法，它首先必须是多数学生喜欢且易学的方法，其次应该是对后续知识学习有价值的方法。有了这样的把握，我们在教学中就能杜绝低层次算法，使学生在不同方法的选择中，获得思维力的发展。

四、在互动辩理中发展思维

学生学习数学的过程是一种知识建构的过程，是认知矛盾运动的过程。真正精彩的课堂不是异口同声的课堂，而是能经常听到不同声音的课堂，因为学生在这里不仅收获了知识，更重要的是他们的思维品质得到了锻炼和提升。好的教学要让学生把思维呈现出来，要激励学生想做、敢说，要引导学生多说，要指导学生学严，让学生能用完整的数学语言在表达互动中激发与碰撞思维火花，培养学生严谨求学的态度。在教学《圆的面积》时，我们设计了以下数学活动：把一个圆平均分成若干等分，然后想办法再拼成一个近似长方形的新图形，并对比变化前后的两个图形，你能发现什么？让学生通过思考、观察、比较、交流，发现分的份数越多，拼成的图形就会越接近于长方形，而且这个近似长方形的长就是圆周长的一半，长方形的宽就是圆的半径，从而探索出圆的面积计算公式。课后让学生独立完成“3W”分析表研究手记：①圆面积的公式是什么样的？②圆面积公式是怎么来的？③通过学习圆的面积公式你还想到了什么？这一学习过程不仅让学生掌握了圆的面积计算公式，经历了圆面积计算方法的探索过程，更向学生渗透了极限、转化的数学思想和方法。

五、在拓展应用中深化思维

数学学习，从本质上来说就是以思维为主的活动过程。教师要善于引领学生利用所学知识应用于实践活动，感受数学的乐趣和魅力所在。如《美丽的校园》数学实践活动课，要让学生理解比例尺的有关知识，提高学生综合运用数学知识解决问题的能力。学生们在实践过程中，各施妙计，有分工、有合作，为确定比例尺，测量花坛、操场、升旗台等的长度，大家都在为画出学校平面图而努力。以“3W”分析表为载体，可以看到学生收集、整理、表示数据的过程，测量、调查、合作等每一处都凸显着学生思维的展开与深入，让我们老师感受到学生是一个个灵气活现的生命个体。

总之，“3W”分析表不仅激发了学生的思维活动，还实现了对学生多元评价方式的质的提升，真正让学生的思维得以可见。这一操作也让主张过程性目标落实的数学学科主张，有了可行性的操作，将过程性目标的落实不断地引向深入。

王涛　河南省第二实验中学副校长

中小学正高级教师，中原名师，河南省最美教师，河南省教师教育专家。曾获得全国首届初中历史课堂教学竞赛一等奖，河南省首届教学成果一等奖。长期坚守历史教学一线，勇于探索历史教学变革，用“花样”教学成为孩子们心目中永远的“涛哥”。

历史课上来“鉴宝”

现实中，我们有时会遇见这样一些关于历史学习的奇怪现象。其一，在历史课堂上走神、发呆，一分钟都不想多待的学生，在看起《国家宝藏》《鉴宝》《如果国宝会说话》等节目时，却目不转睛、专注至极；其二，在历史考试中得分很低的孩子，在说起古代钱币、陶瓷或现代的军事、科技等某方面的历史时，却滔滔不绝，比许多老师知道的都多；其三，一些上学时不爱学历史，历史课本一眼都不想看的人，在离开学校后却十分喜爱看历史方面的书籍。那么，这些人的历史学习到底是好还是差？如果不能简单地用好或坏评价他们的历史学习，那么我们又该用怎样的评价才能更加准确地反映出他们的历史学习状况呢？

一、评价是尺子，但尺子绝不应该只有一种

加德纳的多元智能理论认为，每个人的智力都是由九种不同的智力元素构成的。而这九种智力元素在每个人身上的发展是不同的，不同方式、不同程度的智力元素组合，使得每个人的智力表现各具特点，这就是人与人之间智力的差异性。造成这种差异性的主要原因是教育和环境等因素。所以，尽管每个生命个体理论上都存在九种智力因素，但是环境和教育条件的差异会

导致每个生命个体的智力发展方向和程度有着明显的差异性。因此，**每一个孩子都存在着不同的智力发展可能性，都是一个潜在的天才儿童。**因为每个生命个体的智力表现都是独特的，甚至是独一无二的，每一种智力元素的组合的表现方式都是多样而复杂的，所以，很难找到一个适用于任何人的统一的评价标准，来评价一个生命个体的智力差异和成功与否。

《义务教育历史课程标准（2011 年版）》（以下简称“课标”）在课程理念中就提出“倡导教师教学方式和教学评价的创新，使全体学生都得到发展”。同时更在评价建议中具体指出“评价的主要目的是全面了解学生学习历史的过程和结果，激励学生学习，促进学生的学业进步和全面发展，以及改善教师的教学和提高教学质量”。同时课标还提出“运用科学、可行和多样的评价方式，对学生的历史学习过程和效果进行价值判断”。并且课标还给出了“历史习作、历史调查、历史制作、纸笔测验、教师观察、学生的自评与互评”等多种历史评价方法。

正如课标所言“对学生的历史学习进行评价，是历史课程实施的重要环节”，所以评价必不可少！同样，基于上述课标理念和多元智能理论，作为一名历史教师，我也深深地感受到，评价是尺子，但尺子绝不应该只有一种。如果只用纸笔测验这一把评价的尺子去衡量所有的学生，那么开篇所述的那些历史学习的怪相，依然还会出现。

二、“鉴宝”引入历史课，评价成了驱动力

其实，多一把尺子评价学生，就会多出一批好学生的道理老师们都懂，但是为什么在实际教学中，绝大多数老师还是依赖于纸笔测验这一把尺子呢？究其原因，一是纸笔测验由于使用历史悠久，对于许多老师而言比较熟悉，感觉相对容易操作。二是在实践中许多老师很少接触过其他评价方式，也缺乏对评价方式的专项培训，因此在使用方面有畏难情绪。三是，其他评价方式的评价量规把握和评价结果呈现，对很多老师而言，也不如纸笔测验那么清晰直观，尤其是一些关注到学生学习过程的“质性评价”更是让许多教师感觉较难把握，因此望而却步。

那么对学生历史学习评价的更多尺子该如何去找呢？在实际教学中，一

是认真学习课标给出的建议，特别是纸笔测验外的几种评价方式。二是借鉴其他行业带来的启示，大胆进行评价创新。在寻找更多的对学生历史学习进行评价的尺子的过程中，为评价学生对于课程目标中“理解多种历史呈现方式……初步学会从多种渠道获取历史和学会用口头、书面等方式陈述历史”等的达标情况，我借鉴电视上的《鉴宝》栏目，设计了历史课堂“鉴宝”活动，让每位孩子在课堂上都参与评价活动，更实现了通过评价活动激励学生学习、促进学生的学业进步的目的。

历史课堂“鉴宝”活动，实际上是课标中“历史制作”评价活动的一种，这一评价活动是我通过不断借鉴外部优秀经验，逐步完善起来的。而且在评价活动的设计中，我还注重了学生自评和互评方式的应用，使评价主体更加多元。

这一“鉴宝”活动，首先是从一个历史制作任务开始的。我要求学生利用课余时间完成一项任务——“用你自己理解的方式告诉大家历史从哪里找寻”，例如把寻找的对象定为邮票、钱币、照片等。这一历史制作任务的目的，是检验学生对于“理解多种历史呈现方式以及从多种渠道获取历史”的目标达成情况。这种任务的布置相信很多老师也都用过。

对于学生目标达成情况的评价，最早的时候，我采用了给学生打分的评价方式。也就是用自己的量化评价标准对学生的作品做出衡量。很多时候，学生并不了解自己为什么会得到这样一个分数，更没有从老师的评价分数中获得更多的激励，这样制作任务的完成和评价对学生历史学习的促进作用也不是很大，很多学生仅仅是为了完成任务而参与活动。

随着电视鉴宝类节目的兴起，很多专家一起参与，根据历史知识进行实践观察，最终通过讨论得出结论，让参与者和旁观者都有收获的方式，给了我很大启发。于是我在课堂上采用了新的评价方式。具体流程是这样的：第一步，学生带着自己的作品“宝贝”来到课堂后，与同桌进行分享（“鉴宝”），同桌两人要主动相互了解，掌握更多的信息，其目的一方面是让学生学会倾听，另一方面是让学生学会用口头或其他方式更好地陈述历史，同时还有助于增进同学情谊。第二步，同桌两人中选派出一人到其他组参观，另一人负责留守向其他组参观的同学介绍本组的两件作品，其目的一是让学生通过参观自评更好地检验第一环节的目标达成情况，二是能够让学生通过互评、借鉴更好地提升自己的历史表达能力。第三步，同桌两人互换角色，再次完成第二步相同的任务，其目的是扩大评价主体的参与面，让评价的信息更加丰富完善，激励学生的学习兴趣。第四步，同桌之间相互讨论“哪位同学的作品让自己收获更大，为什么？”其目的是让所有学生主动参与评价信息的收集和评价结果的交流，成为评价过程的参与者，为最后一步评价量规的形成打下基础。最后一步，每组分享自己认为制作得最好的作品，并说出原因，教师提炼关键词，形成评价量规，在师评、同学互评和自评的共同参与中，给出每位同学作品的评价意见，其目的是让师生都参与到评价标准的制定中，通过评价结果的及时反馈，总结学习经验，真正让制作任务成为促进学生学习的评价手段。

这样的一次“鉴宝”活动，**每位学生因为自己既是被评价的对象，同时又是评价的主体，都积极主动参与其中，在合作交流中有效实现了目标的达成，很多同学也由此喜欢上了历史学习。**因为，擅长表达的同学，在介绍同学和自己作品的过程中得到了很高的评价；擅长倾听的同学，在搜集评价信息中也得到了很多人的认可；擅长制作的同学，其作品成为大家追捧的对象；对历史认识深刻的同学，对作品蕴含的历史价值的介绍让同学们赞叹……

三、“三百六十行，行行出状元”的历史启示

在“鉴宝”活动中多出来的几把“尺子”量出了更多对历史开始感兴趣的好学生，也充分证明了中国老话“三百六十行，行行出状元”的正确性。随着人类历史的发展和进步，社会分工越来越细、各有专长，不断创新是历史发展的趋势，正如习近平总书记说的“要在全社会大力营造勇于创新、鼓励成功、宽容失败的良好氛围，为人才发挥作用、施展才华提供更加广阔的天地，让他们人尽其才、才尽其用、用有所成”。而这种良好的氛围就应对从学生时期评价的变革开始，在学生心中埋下创新的种子。我更加坚信，通过评价创新的引导，培育学生历史学科核心素养，真正落实“立德树人”任务，为祖国培养更多优秀的创新人才，一定能够在历史课堂教学中得以实现。

马青香　驻马店市第一初级中学

中小学正高级教师，全国优秀教师，中原名师，河南省特级教师，河南省教育厅学术技术带头人，驻马店市学术技术带头人，首批驻马店市政府津贴专家，驻马店市五一劳动奖章获得者。从教以来，坚持“爱与责任”的教育理念，曾获河南省优质课一等奖。

爱有度，严有理

记得在一次语文课堂教学大赛上，一位老师带领学生们读苏霍姆林斯基的《致女儿的信》，课文的内容是伟大的教育家苏霍姆林斯基给他十四岁女儿的一封信，信的内容是关于爱情的话题。在研读课文后，老师设计了这样一个教学环节：请学生在读完课文后谈谈对早恋的看法。其中一名同学的发言给我留下了十分深刻的印象，他的发言大致是这样的：即使爱情是美好的，令人向往的，也不应该早恋，因为早恋不仅影响学习，还会带来其他种种不好的后果。但是老师和家长都不应该阻止早恋，他的理由是：爱情是美好的、令人向往的，即使老师、家长讲了很多道理也阻止不了早恋，不如让学生尝试。当时那个学生是这样支持自己的观点的：“您听说过玩火的故事吗？……越是不允许，孩子反倒越想尝试，不如就让他去玩吧，等到被火烫着了他感觉到疼了，他自然就不玩了。等我们尝到早恋带来的恶果时，自然就不会早恋了……”当时，老师给出的评价是“很好”。这个“很好”，好在哪里？当然是这位学生的发言观点独特、语言流畅、条理清晰，最可贵的是，他使用了同课文一样的方法——用故事来讲道理。可是，这里仍有不妥的地方，因为老师这个“很好”有可能会给学生带来误导。就像当我们在课堂上遇到类似于“我欣赏白骨精的屡败屡战、锲而不舍的精神”时，我们也不能一味地用“很好”“太棒了”“真聪明”“好极了”等语言来进行评价。

课堂评价的正确运用直接影响师生互动的效果，科学的全面的课堂评价能够激发学生学习的兴趣，促进其思考获得知识的过程和方法，还会影响学生价值观的形成。《义务教育语文课程标准（2011年版）》评价建议有更明确的要求：通过评价检验和改进学生的语文学习和教师的教学，改善课程设计，完善教学过程，有效促进学生的发展成为评价更重要的功能。

如何正确实施课堂评价呢？

首先，课堂评价应该爱而有度。“谁爱孩子，孩子就爱谁。只有爱孩子的人，才可以教育孩子。”课堂评价直接传达老师对学生的爱，从而激发学生对老师的爱，对语文的爱，才能实施“爱的教育”。然而，爱不是盲目的鼓励、无原则的肯定，爱而有度才有利于学生明是非辨方向，真正增强学生的自信，持久激发他们的学习动力。

爱而有度的课堂评价应该有真诚的鼓励。比如：在学习《假如生活欺骗了你》这节课中，有一个教学环节是让学生以“假如生活重新开头”为题写一首诗，在一个学生展示交流后，老师的评价语言是：你的诗句清新流畅，又富含生活哲理，让老师看到了你成为诗人的潜质，相信通过持之以恒的努力，你也会写出更加优秀的作品。这样的评价既肯定了学生学习的结果，又给了学生很大的鼓励，利于激发学生对写作的持久兴趣。

爱而有度的课堂评价要有个性化色彩。语文课堂相比其他学科有更多的生成，更注重学生独特的情感体验，因人、因时、因事、因境、因势的个性化课堂评价更能彰显教师的智慧。例如：在学习《春》一课的文学常识环节中，老师问：“谁能给大家介绍一下朱自清？”在一名学生回答后，教师给出了评价：“这位同学是个会学习的同学，首先他善于借助课下注释；其次他知道我们在进行作者简介时，必不可少的要素是‘人、时、地、评、作’五个方面。”这样，学生在进行初中阶段第一篇语文课文的学习时，教师就根据学生的课堂表现进行个性化评价，有效地引导学生关注了学习方法。当然，老师或严肃或幽默或感性或理性或口头或书面的评价，也应该是富有个性化的。

爱而有度的课堂评价还要有实用性。例如在训练学生的“概括文章主要内容”这一能力时，学生往往出现概括不全面的现象，我们在肯定学生已有的正确部分的同时，还要教会学生学会利用关键词句和要素等进行概括。在指导学生进行文本的艺术鉴赏环节中，教师要注意有指导性地深入评价，启发学生艺术鉴赏要注意审美性。当学生的见解闪烁着智慧的火花时，教师就要给予充分的肯定，让学生体验到成功的喜悦。指导学生开展整本书阅读时，教师可以通过设计评价量表，来评价学生的阅读时间、阅读数量、阅读质量、阅读习惯、阅读能力、阅读过程中合作交流的意识和能力等方面，既关注阅读的全过程，又方便实用。

其次，有效的课堂评价不仅爱而有度，还要严而有理。学生在学习过程中出现错误、不足时，我们要及时发现、正确分析、合理纠偏，要有理有据。

严而有理的课堂评价不仅关注学生学习的结果，还关注着学生学习的全过程。陶行知先生说：“你的教鞭下有瓦特，你的冷眼里有牛顿，你的讥笑里有爱迪生。”爱而无度是伤害，严而无理同样也是伤害！当我们以为自己是出高徒的“严师”并沾沾自喜时，当我们发出恨铁不成钢的叹息时，我们要提醒自己转变评价观念，评价不再是仅仅简单地根据分数和排名进行甄别和选拔，而是了解学生学习状态的手段，判断学生是否达成学习目标的途径，从而不断改进自己的教学，为学生发展服务。

严而有理的课堂评价能发现问题，更能解决问题。在学生存在不足时，不用或少用苛求性的语言，还要避免过早的结论性的评价，要诊断学生学习的过程和方法，要帮助学生分析原因，对症下药。在我和家长一起帮助班里的错别字大王还原了小学阶段识字、写字的学习过程之后，我发现他总写错别字的原因主要是不清楚汉字的造字法，写字时又没有考虑字义的习惯。找到原因后我有针对性地给他补充了字源字理的知识，在学习中有意识地训练他以义辨形的方法，发动小组的同学和家长持续关注他的学习状态，及时给予评价和指导。经过一段时间的努力，终于帮他摘掉了“错别字大王”的帽子。

有度有理的语文评价，应该更体现文化性、审美性和综合性，应该着眼于学生在语文学习中的综合表现，采用多元评价主体与方式，联系课程与教学，全面地评价学生在实践中的知情意行。

德国教育家第斯多惠说：“教学艺术的本质不是传授，而在于激励、唤醒、鼓励。”教师要通过有度有理的课堂评价，调动学生的学习热情，用自己的真诚感染学生，用教育的智慧引导学生，为学生的成长插上翅膀。

司德平　郑州外国语学校副校长、管城区教育局局长助理、管城区科协副主席

河南省首批中小学正高级教师，三级教授，国家“万人计划”教学名师候选人，“中原千人计划”领军人才，河南省学术技术带头人，中原名师，河南大学硕导，郑州市政府特殊津贴专家，郑州市首批高层次人才，郑州市首届十大杰出教师，郑州市专业技术拔尖人才。

“思悟课堂”教学评价：以思论教

2014 年 5 月，郑州外国语学校“思悟课堂”教学模式荣获首届河南省基础教育教学成果一等奖，经过多年的实践与探索，“思悟课堂”教学模式已逐步形成郑外教师的常态课。思悟课堂以学生的“思悟”为目标，以“以思论教”为理念，以“突思促悟”为策略。思悟课堂不仅关注学生的学业水平提升，更关注学生在学业水平提升过程中的代价付出和生命体验，努力实现较高学业水平与较低学习代价、较好学习体验的和谐统一。

一、思悟课堂教学模式简介

基于郑州外国语学校优秀师生群体的学情与校情，**“思悟课堂”以“为了学生独立，突思促悟，以思论教”的理念为支撑，以有效教学、认知心理学为理论基础，以实现学生独立思考为主要追求，突显以“思悟”为核心的课堂教学模式。**“思悟课堂”通过创设情境让学生想思考，创设条件让学生能思考，搭设方法让学生会思考，形成思悟的路径，从而实现学生的深度学习，培育学生的高阶思维，提升学生学科核心素养。

1.“思悟课堂”的理念与标志

建立一个理念：课堂教学是为了“让一个人摆脱对另一个人的依附”，

教师在课堂教学中所做的一切都是为了让学生尽快“独立”，从而达到“教是为了不教”的目的。倡导“以思论教”，实现“突思促悟”。

突出一个标志：“独立”的标志是让学生学会思考，提高思维能力，改善思维品质，达到自解自悟。

2.“悟”和“思”的关系

悟是思考的结果，思是悟的过程，悟因思而生成。因此，教师在课堂教学中的主要任务是引发思考、帮扶思考、促进思考、升华思考，使学生在思考中提高心智操作水平，提升内化效果，进而发展学生的学科能力。

3.“悟”的表现

“悟”是学生通过思维系统的筛选，加工处理自己得到的有价值的东西；“悟”是学生通过一系列教学活动中的思考，对事物的深刻认知；“悟”是学生通过一系列教学活动中的思考，对事物发生的原因、发展规律的理解；“悟”是通过学生自己的认识和理解，对新情景下问题的筛选、分析与判断；“悟”是深刻内化后形成的能力。

4.“思悟课堂”教学模式的基本环节

“思悟课堂”由“引思自悟、展思纠悟、促思助悟、反思明悟”四个环节构成，合理贯穿于不同学科的不同课型，以最常见的新授课为例，其基本范式如表 1 所示。

表 1　郑州外国语学校“思悟课堂”新授课基本范式

环节	教师	学生
新课导入	1. 联系旧知、已知创设新内容的氛围，激发学生的兴趣； 2. 恰当地介绍本节学习任务，任务必须有可操作、可检测的目标	1. 积极调动已有知识储备； 2. 弄清学习任务
阅读文本	1. 指导学生自主阅读； 2. 巡视发现、汇总以下问题： ①学生自主阅读产生的问题，找出共性问题； ②学生忽略的重难点； ③学生产生疑难的原因	1. 通览文本； 2. 整理重点； 3. 标出疑难，并思考疑难产生的原因

续表

环节	教师	学生
引导与讲解	根据学生自主阅读中的情况，重点讲解。讲解时需做到： ①学生已会的不讲； ②学生的疑难一般不要直接讲解，创设情境，逐步引导，让学生自主解决疑难	1. 积极思考，注意教师的提示和问题； 2. 标出自学中未曾注意的地方； 3. 记下仍然没有理解的问题及内容
课堂训练	1. 训练题目要有典型性； 2. 训练题目要有针对性； 3. 训练题目要有层次性； 4. 通过演板和巡视及时了解学生的掌握应用情况； 5. 对学生掌握应用的薄弱环节强化分析	1. 认真独立完成练习； 2. 对于未能掌握的练习做出标记，并认真听讲，弄清失误的症结
总结与悟解	1. 总结可以做出分类的提示，让学生自己总结； 2. 重点、难点要强调	1. 主动回顾、总结； 2. 总结时要分类； 3. 总结可以在课堂笔记本上做简要书写； 4. 注意总结思路
布置作业	1. 作业要目的明确； 2. 作业可分为巩固性的、理解性的、延伸性的、拓展性的； 3. 作业要有层次； 4. 作业要有质量	——

二、“思悟课堂”教学评价

“思悟课堂”教学评价的核心是“以思论教”，这不仅是课堂诊断观察中“教—学—评”一致性的重要指标之一，也是新课改“以学论教”的深化。“思悟课堂”教学评价必须关注以下几个问题：有无让学生思考有价值的问题？是否给了学生思考的机会和时间？有效组织学生思考的措施有哪些？落实的效果如何？是否对学生思考悟出的结果给予了关注，并及时进行了评价与指导？

“思悟课堂”教学评价如表2所示。

表 2　郑州外国语学校“思悟课堂”教学评价表

授课教师：________ 授课题目：______________________ 授课时间：__________

项目序号	评价项目及权重	评价要点		分值	得分
一	引思自悟（突出自学、自思、自解、自悟）（20分）	1	教学目标明确，学习任务具体，可操作、可检测	5	
		2	学生有完成文本阅读并自思自悟任务的时间保证	5	
		3	学生在此环节中专注地自学、自思、自解、自悟	5	
		4	学生能够在独立思考的基础上积极参与合作交流	5	
二	展思纠悟（突出信息反馈、学生展思、教师指导、学生纠悟）（20分）	5	教师能够快、准、全地获取自学反馈信息及学习效果	5	
		6	教师能够及时捕捉到利于解决疑难问题的典型个案	5	
		7	教师善于运用典型个案引导学生展示其思维的过程	5	
		8	大多数学生能够积极参与对关键问题的思考与讨论	5	
三	促思助悟（突出问题，机会、时间、过程）（35分）	9	问题的设置能够突出重点、有思维量、有层次性	5	
		10	围绕重点内容突出主干问题的深化、拓展与延伸	10	
		11	学生对问题有足够的思考时间并能表达自己的见解	5	
		12	教师适时、适势帮助、扶助学生思考并解决问题	5	
		13	跟进训练内容围绕重点，有典型性、针对性、层次性	5	
		14	训练内容能起到巩固、引发、促进学生进一步思考	5	
四	反思明悟（突出学生认真反思归纳）（25分）	15	学生能够根据教师的提示进行分类反思归纳	5	
		16	学生能体会到本节重难点、掌握知识规律	5	
		17	学生课堂有充足的时间进行分类、反思、归纳	10	
		18	教师抽检学生的思悟总结进行展示并评价	5	

续表

<table>
<tr><th>项目序号</th><th>评价项目及权重</th><th colspan="2">评价要点</th><th>分值</th><th>得分</th></tr>
<tr><td rowspan="3">五</td><td rowspan="3">总评</td><td>学生独立思考用时</td><td>老师自己讲述用时</td><td rowspan="2">合计得分</td><td rowspan="2"></td></tr>
<tr><td></td><td></td></tr>
<tr><td colspan="4">本节课的学习目标的达成度如何？
A. 高　　B. 较高　　C. 一般
你认为符合“思悟课堂”的基本特征吗？
A. 符合　B. 基本符合　C. 不符合</td></tr>
<tr><td>六</td><td>改进建议</td><td colspan="4"></td></tr>
</table>

刘新选 河南师范大学附属中学教师发展中心主任

中小学正高级教师，国家“万人计划”教学名师，“中原千人计划”领军人才，教育部中小学领航名 师，中原名师，河南省教师教育专家，河南省新课程学科指导专家，河南最具影响力教师。

课堂教学评价：源起·原则·建构

教师肩负的职责是教书育人，思考最多的自然是教育教学问题，按照逻辑关系就是：围绕教学目标，选择教学内容，运用教学策略，检测教学效果，即为什么教、教什么、怎么教、教得怎么样。其中，教学评价是保障教学质量的重要举措，且贯穿教学活动的始终。因为，**好的教学应该是教、学、评一致的教学，需要通过教学评价把教学目标、活动和结果统一起来。**

基于以上现状，制订合理评价的可行路径应当是厘清不同评价理论的发展脉络，提炼传统评价方案经验，将质性评价与量化评价相结合，构建一个中观教学评价框架，以便对接不同课型和学情的课堂教学，减少评价的主观性和随意性，提高评价的针对性和有效性，助力教学“增值”。

一、溯源教育评价，厘清演变过程

教育评价之父泰勒提出：评价过程在本质上是确定课程和教学大纲实际上实现教育目标的过程。关于教育评价的历史发展阶段，教育学术界有许多不同的观点，对这些观点的梳理，有助于我们正本清源，对教育评价迭代升级。

（一）比较四代评价，了解评价趋势

教育学术界普遍认为，第一代评价理论盛行于 19 世纪末至 20 世纪 30 年

代的测验时期；第二代评价理论兴于20世纪30年代，以“描述”为标志；第三代评价理论发端于1957年以后的教育改革并延续至20世纪80年代，不仅限于描述，而且对教学方法进行判断。其中，19世纪80年代初确立的美国教育评估标准，标志着美国教育评估最早进入了专业化发展阶段。第四代评价出现于20世纪80年代，认为评价就是对被评事物赋予价值，其本质是一种通过“协商”而形成的“心理建构”。

前三代评价理论的突出缺陷是把评价对象排除在外，容易形成二元对立关系，评价过程主要依赖经验。第四代评价理论认为，评价主要取决于所有参与评价者的意见一致性程度如何。教学评价具有多样化特点。当下，随着第四代诊断性、形成性、发展性评价理论的兴起与应用，教育评价进入了新阶段。

（二）升级教育评价，修正评价走向

20世纪80年代以来，我国基础教育评价进行了有益的改革与尝试。《基础教育课程改革纲要（试行）》（教基〔2001〕17号）明确指出：改变课程评价过分强调甄别与选拔功能，发挥评价促进学生发展、教师提高和改进教学实践的功能。《国家中长期教育改革和发展规划纲要（2010－2020年）》进一步提出：建立科学的教育质量评价体系，全面实施高中学业水平考试和综合素质评价。可见，在实施发展性评价的过程中，要尊重学生的主体性和差异性，发挥评价的诊断、激励和发展功能，为促进学生发展服务。随着新一轮课程改革的转型升级，中国学生发展核心素养将成为教学评价改革的新方向。

我国教育研究工作者们鉴于中西方文化及教育观念的差异，不断构建适应课改理念的教学评价方案。比如，上海叶澜教授提出的“新基础教育”教学评价三要素：教学设计、教学实施、教学反思；首都师范大学邢红军教授提出的教学评价“三维”模型——立德树人、教学设计（目标、方法、手段、本质、逻辑、创新）、教学技能（讲授、演示、互动）等。通过梳理教育评价发展脉络，我们了解了教育评价的演变过程及走向，知过往，立当下，瞻未来，定方位，避免评价陷入片面经验的迷思。

二、把握评价原则，调适评价基准

教学如同弹琴，先定基调，再弹曲谱，高低起伏，抑扬顿挫。教学的基调主要来自课标和学情。没有课标，就会失去方向；不知学情，就可能过或不及，教学失当。

（一）基于课程标准，细化评价目标

2016年9月,《中国学生发展核心素养》总体框架正式发布,据此修订了《普通高中课程方案和语文等学科课程标准(2017年版)》,凝练出各学科核心素养。

核心素养作为学生全面发展必须达成的素养目标，既可以作为教学目标，也可以作为教学评价的标准。但抽象的核心素养，难以操作和测量，需要依据教育目标分类理论进行细化，才能有标可依。比如，通过目标分类学，可将物理核心素养细化分层，以便逐级达到知识的积累、观念的形成、思维的发展、能力的提升、责任的培养。

（二）基于学情分析，分层递进评价

传统评价侧重教师的教态、语言、手段、板书等教学技能，忽视教学活动中最为重要的因素——学生。而教学评价的一个重要品性就是基于学情，收集、解释证据，改进教学方案，促进学生产生高质量的学习结果和积极的学习体验。

客观上，学生在思维方式、学习习惯、情感体验等方面都存在个体差异。教育只有在了解了个体差异、改善了教育方法后，才有可能获得成功。因此，教学应以“掌握学习”为轴线分层递进，开展适合学生发展的教育，而不是以时间为轴线赶进度，选择适合教育的学生。

三、完善评价要素，优化评价策略

脑科学和认知科学研究表明，教学方式不同，学习效果不同。教学如同渡河，既要明方向，又要有渡船，还要会划桨。渡船就是“方”（要素），划桨就是“法”（策略）。古时，有一国王病入膏肓，寻得民间名医，结果其所开药方和御医开的一样，只是用法不同，疗效却很明显，这就是方和法的区别。面对复杂的教学活动，我们能做的也只是开出一个方子，至于用什么法子，就要具体分析教学现场。可谓：教学有法，教无定法，贵在得法，

灵活施法。

（一）提取关键要素，重组课堂结构

布鲁姆在教育目标分类理论中，将教育目标划分为认知、动作技能和情感三个领域，并细化为逐步提高的若干层次目标，认知领域分为知识、领会、应用、分析、综合、评价六个层次，动作技能领域分为知觉、模仿、操作、准确、连贯、习惯六个层面，情感领域分为注意、反应、形成价值观、组织价值观以及价值观的个性化，将教学目标通过具体的层次表述出来，为评价实践提供了可能性。

课堂教学就是根据课标和学情，将教学诸要素相互融合的综合体。仅有评价理论，难免空泛；仅靠实践经验，又恐陷入片面。只有依据理论、基于经验，提取课堂教学关键要素，才能制订出可以优化不同课型和学情的教学策略。

有学者把新世纪以来的课改划分为三代，但共性特点皆以“模式”冠名，虽名目繁多，立异标新，但大抵程式化意味浓厚，实质仍未摆脱机械操练、分数至上的桎梏，人的因素没有真正突显出来。后模式时代，如果可以称为第四代课改的话，应是以“问题”为中心，以学习“供给侧”重组要素，以教师为主导，学生为主体，双轮驱动，教学相长。

上文提到的叶澜教授的“新基础教育”教学评价三要素、邢红军教授的教学评价“三维”模型，都是研究课堂教学评价的典范，沿着这个思路，我们还可以基于学校，提取具有校本特色的评价要素。如我校的“导学自主”、郑州外国语学校的“思悟课堂”、淮滨高中的“三段六块”、南阳一中的“三疑三探”、漯河高中的“三维六元”教学评价，都是本土化改良的成功范例。

当然，在实践中重组发展性教育评价要素，不仅要传承评价的甄别、选拔功能，还要承载诊断、发展功能，需要提取新的评价要素，比如，动力机制、课堂文化、混合学习、思维进阶、人际关系、学科情感等，还有待进一步充实优化。

（二）细化教学要素，智慧灵活施法

脱离具体教学情境的教学法，将会演变为教师基本功的表演，而与学生的真实成长关系不大，教学在很大程度上失去了它应有的教育意义。所以，尽管课堂教学有方可依，但都要基于教学情境，需要在评价理论和关键要素的框架下，既不因循守旧，也不盲目跟风，既要开好方子，更要活用法子，才能让高质量学习在学生身上发生。略举三例：

1. 为合作学习把脉

合作学习虽然是被大量研究成果证明了的有效学习方式，但实际效果并不被看好，就是因为方子是对的，法子却出了偏差。多数情况是因为：准备不足、时间有限、分工不明、话语霸权等。通病之一就是“让小组派代表发言，点对点地问答”，使小组合作流于形式，合作变“合坐”，学困生沦为陪读。

2. 为讲授法正名

新课改强调自主合作探究，讲授法似乎“躺着中枪”，老师避之唯恐不及。但讲授法的悠久历史就足以证明它的教学生命力，因为有的内容不适宜探究，若执意为之，不仅影响教学效率，还会挫伤学生的积极性和自信心。有的老师为避免讲授，大量使用多媒体，而其实质还是一种灌输式教学，只不过由“人灌”改为“机灌”而已。不必要的互动，就会挤占“认知资源空间”，阻碍有用资源的及时调用。当然，讲授法不等于满堂灌，而是要在学生愤悱之时讲授。

3. 为导学案定位

导学案，顾名思义是指导学生学习的方案，是集“导案”“学案”“练案”和评价于一体的导学性文本，具有“学生主体、目标明确、问题导向、重点突出、学法多样、检测有效”的特点，发挥学生自主学习“导航仪”的作用。但当下的导学案是否起到了导学功能，是否增加了学生的预习时间，“练案”是否分层且有弹性等，都直接影响导学案的导学效果。

总之，课堂教学评价在学术界依然存在争议，至今尚未达成共识。一方面反映出教学评价的内隐性和复杂性，另一方面反映出现有课堂教学评价还不够深化和细化，需要我们在原则之下，深入探索，实现教学应有的意义。

第五章

教学艺术

——让课堂有智慧

陈静《中国美食》教学视频

王文霞《我是什么》第1课时教学视频

王文霞《我是什么》第2课时教学视频

刘冰《长方形和正方形的认识》教学视频

李春霞　郑州市中原区实验幼儿园园长

中小学高级教师，中原名师，河南省教育先进工作者，河南省教师教育专家，河南省教育厅学术技术带头人，河南省名师，河南省骨干教师，河南省教科研先进个人，郑州市优秀教师。

“美唤”

——唤醒神奇的种子

教学艺术的本质不在于传授本领，而在于激励、唤醒、鼓舞。德国哲学家雅斯贝尔斯说过：“教育的本质意味着一棵树摇动另一棵树，一朵云追逐另一朵云，一个灵魂唤醒另一个灵魂。”而美是人类社会不可缺少的东西，美的教育是培养健全的人不可缺少的教育，犹如生活之需要阳光，犹如生命之需要营养。

以此为基点，我在多年的教学实践中，不局限于“传道授业”的“教书匠”状态，以“一个灵魂唤醒另一个灵魂”的赤诚心灵从事教育，以个性、理性、参与、合作的方式，去亲历、见证、记录、研究，结合自己的教学实践，经过理性加工和自我孵化，形成了“美唤”这一教育主张，即教育的全部意义在于“唤醒”，唤醒每个孩子内心向真、向善、向美的自觉，并使之成为习惯，成为生命的自觉。

一、“美唤教育”的提出和构建

教育是“教天地人事，育生命自觉”。这也是我理想中的教育，只有教好天地人事，育出有生命自觉之人的教育，才是好的教育。我相信我们每个孩子心中都有一粒神奇的种子，只要我们用爱滋养、用心呵护、用美唤醒，每一粒种子都可以长出向上的芽，开出向美的花，结出向善的果，成为世界上独一无二的珍品。由此，在我提出自己的教学主张——“美唤教育”之后，在 20 年的教学时光里，我始终沿着这一主张所昭示的教育之路坚定前行。

美，是真、善的和谐统一，是立德、行事、育人的至高境界。**美唤，是对美的唤醒，是对幼儿内心美的生成与建构的过程，就是通过尊重美、营造美、推崇美，以美影响人，以美激励人，以美塑造人，引导幼儿在美的境界里、在美的活动中发现美，体验美，感悟美，进而追求美，创造美，用美为孩子们的健康成长和终生幸福奠基。**

“美唤教育”的教学主张，可从哲学、教育学、心理学角度加以透视。德国哲学家雅斯贝尔斯提出的“教育的本质是唤醒”，叶澜教授提出的“教天地人事，育生命自觉”的教育本质论，以及孔子提出的“不愤不启、不悱不发”的启发教学思想，都证明教育的全部意义在于依循人之本性，启发自觉之心。另外，后现代教育思想重在唤醒教学的民主意识，认为教育是一种参与，是一种相互建构，更是一种弥漫、充盈于师生之间、课堂内外的教育情境和精神氛围。

这些先贤的智慧、理论结晶，帮助我提炼了自己的“美唤教育”教学主张，并围绕这一教学主张开展系统的理论和实践研究。“美唤教育”教学主张主要包括“美”和“唤”两个层面的基本内涵。

（一）美

“美”，指的是以“美”为特征的教育环境、教育内容、教育风格，力求彰显环境“融美”、教育“渗美”、活动“创美”。

体现之一——“美”的环境：就是追求园所的教育环境优美、布局合理，最大限度地挖掘环境的“育人”功能，使师生受到艺术的熏陶和美的感染，提升欣赏美的能力，激发创造美的动力。

体现之二——“美”的教育：就是追求幼儿教育的本真回归，每一次的教育活动，不仅仅关注一个具体教育教学目标的达成，还在有所侧重的情况下，兼顾完整人格的培养。充分挖掘教学内容中所蕴含的美的因子，让它们以美的魅力来引起幼儿的审美兴趣。注重教学方法的艺术美，注重教师自身的语言美、情感美、教态美等。

体现之三——“美”的文化：就是坚持“以美启智、以美育情”的理念，立足于幼儿的自主探索、尽兴表达、自由想象，在幼儿生活和学习各项活动中，以语言为枢传递美，以美术为形塑造美，以科学为魂激发美，以音乐为媒创造美，以社会为基拓展美，以健康为本铸造美，加强美育教育、礼貌教育和中华传统礼仪的教育，培养孩子拥有一双善于发现美的眼睛，一双乐于表现美的小手和一颗喜于感悟美的心，将“真、善、美、惠”，“德、识、才、学”，“文、行、忠、信”融入幼儿的内心。

（二）唤

“唤”，指的是以“唤”为核心的教育目标、教育过程、教育效果，力求实现“以美启智、以美育情”。

途径之一——自然唤醒：在“美唤教育”主张下，每一个孩子都有丰富的心灵与巨大的潜能，每一个孩子的内心世界就像一个藏满宝藏的盒子，在这个盒子里，有智慧、理性、意志、品格、美感、直觉等生命的能量，教育只需要将他们的良知良能唤醒。因此我始终做孩子心灵的唤醒师，让他们在自然的环境中，在生活和学习中触类旁通、自觉自悟。

途径之二——艺术启迪：在“美唤教育”主张下，教育是唤醒潜能、启迪智慧、润泽生命的心灵活动。在“美唤教育”的主张下，我注重幼儿的艺术教育，并且摒弃死板的授课方式以及传统的说教，用充满艺术气息和想象力的教学空间，使孩子们的身心获得自由和畅快，启发和培养孩子感受到不受拘泥的、开放的、个性张扬的、具有创意的思维。

途径之三——自主创造：儿童天生就有创造的潜能，而“美唤教育”注重开设具有综合性、实践性、整体性、生成性的综合实践活动课程，“美唤教育”的一个根本任务就是利用其中实践课程的特点和优势，最大限度地激活、唤醒、展现、提升儿童的创造潜能，让孩子通过自己的观察、想象和创造，缔造属于自己的美丽，最终唤醒他们主动探索的精神。

二、“美唤教育”的实践和探索

“美唤教育”主张，基于幼儿的生活经验、知识经验，遵循幼儿的年龄特征和心智发展规律，遵循学前教育的特性，力求用“美”的教育环境、教育内容、教育风格唤醒幼儿内心沉睡的发现美、体验美、感悟美、追求美、创造美的自觉。这种主张对幼儿实施“美”的“唤醒”的教育理念和教育实践，让我园成为充满爱与真诚、美与善良、处处彰显生命力的“最美乐园”。

（一）环境“融美”

我园以“建筑艺术童趣化、建筑功能立体化、建筑品质科学化”为设计理念，园内活泼明快的彩色墙体和静雅的绿色塑胶场地和谐相融，曲折蜿蜒的小路和形态多姿的戏水池相得益彰，童趣的建筑、童味的色彩，处处渗透着美与童真的和谐。为了让孩子感受四季的特征，选择了不同的植物种植，四季常绿、花草繁茂、绿树成荫，使整个园区浸润在一片浑然天成的生态环境之中，为幼儿创设了一个自然、和谐、共生的生态乐园和有利于探索学习的自然环境。

为最大限度地挖掘环境的“育人”功能，我园建设还有一个最大特色，即三个楼层的设计从儿童的视角出发，结合不同年龄幼儿的心理特点，分别以“森林”“海洋”“星空”为主题进行风格设计，并分别以“美好”“美妙”“美慧”为年级命名。在一楼“森林”中设置小班，取名“美好”，以森林为主题，采用自然绿，让幼儿能够发现生活中的美好，亲近自然，热爱自然，融入自然；在二楼“海洋”中安排了中班，并取名“美妙”，即以海洋为主题，采用海洋蓝，让幼儿能够了解海洋、探索海洋、深入海洋，发现周围事物的美妙；三楼以“美慧”为大班命名，希望每个孩子勤动脑、善思考，做智慧的孩子。以星空为主题，采用梦幻蓝的色调，让幼儿发现太空、想象太空、追梦太空。校园环境的独具匠心，使孩子们处处受到艺术的熏陶和感染，时刻增强欣赏美、创造美的能力。

（二）课程“渗美”

我园以《纲要》和《指南》为指导，以“美唤，从尊重儿童需要开始”为课程核心理念，确立以“美唤课程”为办园特色。在“美唤园本课程”中，以环境、生活、实践、游戏、共育等五大课程为主要支柱，以风景之美、环保之美、动物之美、友情之美、古韵之美、观察之美、励志之美、科技之美、爱心之美、成长之美“十全之美”为课程内容，构建了一整套完善的、能够促进孩子们自主“识美”“创美”的“美唤”课程体系。

（三）活动“创美”

具体而言，主要是开设了艺术课程和社会实践课程两大园本课程。艺术课程以“美术”和“音乐”为教学重点，在传统美术渗透方面，小班开展印染活动、中大班开展扎染活动，以传统之美引领幼儿走入美术世界，以此提高欣赏和创造美的能力；在音乐教育方面，教学的主要目的是让幼儿自发地感受音乐，以此提高他们在音乐方面的审美情趣和审美能力。而社会实践课程可谓是因地制宜、多姿多彩，如我们开设种植和养殖兼备的自然角，让孩子们学习如何喂动物、种蔬菜。带孩子们到园子里，让孩子观察花朵、瓜果的颜色；让孩子们观察兔子觅食、白鹅游泳、黄鸭走路等，通过大自然的美去唤醒孩子对自然的热爱，让孩子们在玩耍的同时还体验到了美的收获、学习的乐趣。

（四）教学“唤美”

在“美唤”教学主张下，我园的教师团队心怀同一目标、同一梦想，相互配合、潜心研究，以教师之行养幼儿之性，以教育之理启幼儿之智，以仁爱之心孕幼儿之德，对幼儿实施“美”的“唤醒”。

在“美唤”教学主张下的课题实践研究中，我园的教师重建教学审美，注重突出教学活动的思维含量，关注幼儿的学习兴趣，使教学回归本真。教学活动中，新颖的活动设计、灵活的组织形式以及孩子们自主、大胆的课堂表现成为常态。与此同时，教师还将平常生活带入课堂，让课堂生活与课外生活融为一体。如小班拓印画《快乐溜溜车》的园本美术课程、“创意帽子节”这样的“美唤”园本课程活动以及自然角、美术角等班级区角的创设，使得“以美启智、以美育情”的课堂，成为美的课堂、智慧的课堂、生活的课堂、思考的课堂、灵动的课堂，孩子们生命获得生长的课堂。

三、“美唤教育”的成果和反思

我一直将自己定位为“反思性实践者”，服务于幼儿全面健康成长是我的天职，而取得一些成果只是“附加值”。“美唤”教学主张在实践和理论上的成果，主要体现在三个方面：

（一）幼儿的成长与发展

相比较之前的幼儿，在同一智能发展水平下，“美唤教育”中的幼儿，其自主行为能力、合作交往能力以及优秀的思维品质等方面，得到了最大限度的激活和唤醒。如幼儿园设置的供孩子们种植和养殖的自然角，使孩子们热爱自然、亲近小动物的本性得到彰显，在养护蔬菜、小动物的过程中，孩子的爱心、责任心也一并苏醒。

（二）教师的成长与发展

“美唤”教学主张真正改变了教师“教”的方式，教师的启发、唤醒、促进代替单一的讲授、演绎，构筑了民主开放、和谐互惠的师生关系，彰显教书与育人的统一。而“美唤”教学主张的课题研究，也促进了教师们的智慧迸发，在思维碰撞和观点交流中，加快提升了教师的专业化成长。

（三）幼儿园的成长和发展

我园在继承和借鉴传统教学方式的基础上，建构出园本化的有效教学理论——“美唤”课程体系，“美唤”的教育主张，在实践中完善，在创新中发展，在推广中提升，彰显了“做最好自己、创最美实幼（实验幼儿园）”的教育信念。

“美唤”教学主张走过了20年的历程，宛若一株没有生长界限的大树，正是枝叶繁茂的时候，师生犹如自由的鸟儿徜徉其中，感受着无限的生机与活力。正如尼采说过，有各式各样的“眼睛”，因而有各式各样的“真理”。“美唤”这一教学主张仍很年轻，还有很远的路要走。

“树林美丽，幽暗而深邃。但我有诺言，尚待实现，还要奔行百里，方可沉睡。”这里的“诺言”，既是对幼儿的承诺，又是对自我的承诺：要在教育实践中，不断培育和提升自我的精神境界。在我的教育生涯中，“美唤”的教学主张可以说是刚刚起步，还要奔行百里、千里甚至万里……既然如此，我们愿夜以继日不停奔行，为了唤醒孩子心中那颗沉睡的种子，为了孩子们未来无限的可能！

陈静　漯河市第二实验小学

中小学高级教师，中原名师，河南省模范教师，河南省教育厅学术技术带头人，河南省名师，河南省教师教育专家，全国小语十大青年名师，全国百佳语文老师，“国培计划”培训教学专家。

创意主题教育，玩转开学第一课

一、缘起：由问题意识衍生出的课程种子

作为教师，我们会发现：长假过后，学生的状态需要较长时间的调整，才能进入正常学习。大家戏称这是“开学综合征”。美国杜克大学的心理学教授研究表明：过完一个暑假，大多数孩子的数学水平和阅读水平一般会倒退2~3个月。

开学第一课的设计就源自这一现实的问题。其实一开始，只是一个最朴素的想法：经过了一个长长的寒假或是暑假，用什么方式，才能在新学期开学第一天的第一节课，让每个站在新学期入口的孩子，向着安逸舒适的假期挥一挥衣袖，带着无尽的向往和信心，高兴地转身跑入新学期？

为此，我想了很多点子。最开始的时候，开学第一课的开发和设计，确实是随兴而发。那些备课时突如其来的想法，那些因精彩发言而点燃的火花，还有在班级管理中磨出的思路，都成了开学第一课开发的灵感。

二、耕种：有需有序，小小创意玩转课堂

走过最初激情燃烧的岁月，如今我的开学第一课的研究已经有十四年之久。随着实践渐行渐深，我越来越深刻地感受到：开学第一课的开发，根本

目的是克服常规的开学形式给学生带来的局限性和单一性，更加凸显“因需而设”的课程理念。它的主体永远是学生，孩子应该站在课堂的正中央。所以，根据不同学段的年龄特点和能力设立目标，有针对性设计开学第一课，吸引学生参与到课程开发之中，真正做到因需而设，有序进行。

第一，基于联系生活的原则。无论怎样整合资源，都要在充分了解本班学生的实际学情的基础上，注重与学生生活的联系，开发出独具本班特色的教育资源。在此理念的指导下，“我的假期我做主”开学第一课系列课程应运而生。每年假期后开学，我都会邀请学生用独特的方式展示假期收获。暑假过后是“大眼睛看中国”活动。每个学生把假期的游历过程，用 PPT、绘画等多种方式呈现出来，走上讲台，和大家分享。而寒假过后的“我和我的春节故事”活动，则更多展示了传统节日里生活的点点滴滴，如帮家人购置年货、做家务、了解传统习俗等。台上讲述的学生神采飞扬，台下聆听的学生眼睛亮晶晶的，读万卷书、行万里路，生活中的每一种体验都成为学习的资源。

第二，基于兴趣激发的原则。开学第一课还可以是好玩的。2017 年的除夕之夜，万家团圆之时，某宝推出的集福抢红包活动，牢牢抓住了全国人民的心。家人们无心看春晚，一心只想抢红包。在“咻咻咻”的红包开启声中，我发现儿子也格外兴奋。一个想法浮现出来：今年的开学第一课，干脆举行个“抢红包”的活动吧，孩子们一定会高兴的！

红包怎么抢？在一个秘密宝箱里放上设置的题目，包含语文学科的相关知识，如猜谜语、诗句接龙；也有学科外延的相关知识，如读成语学表演、绕口令；还有学科整合的相关知识，如数学乐园大闯关、年俗知多少等。闯关成功后学生去黑板上贴好造型的红包群里，自由选取一个。

小小的红包里装的是什么？其实是一些小小的特权，随时可以申请履行。大致分了三类：一是小小特权类，如自选座位一天、免写作业一次、可以随时喝水（一天）等。二是锻炼机会类，如做值日班长一天、做老师的小助手一天、做领读小老师一天、做领队小班长一天等。三是师生互动类，如和老师一起喝下午茶一次、借一本老师的童书、拥有一次故事点播权等。在这样的开学第一课中，每个孩子都那么开心，因为小小的红包，既是特殊的奖励，又饱含着独一无二的爱。

第三，基于班级管理的原则。作为一名班主任，我也会有接班的迷茫和困惑。特别是带一年级新生时，怎样让一群小豆包和老师快速熟悉起来，增强班级吸引力和凝聚力，确实值得思索。为此我开发了新班级的系列识字主题破冰课程。开学第一天，建好班级微信群后，我在群里发了制作姓名牌的具体步骤和示范图片，家长依照尺寸，和学生一起做姓名牌。下午的时候，每个孩子课桌上已经摆放上姓名牌，有了自己的名片。接着，借助“点亮我的名字”活动，请学生拿着姓名牌做自我介绍，增强学生之间的互动。通过“交朋友”的活动，鼓励每天每生去结交三个朋友，记住他们的名字。并通过诵读《百家姓》，请学生圈出亲人、老师、同学的姓氏，激发学生识字的热情。开学的第一个月，学生通过系列主题活动，实现人际破冰、集体组建、汉字识认，为后面的班级管理带来很大便利。

而对于新接手的中高年级班级的开学第一课，我则会费尽心力，为学生寻找增强集体归属感的途径。比如2016年9月的开学，我设计的是“夸夸我自己”。目的是引导学生正确认识自己，客观评价自己，大方推荐自己，规范提升自己。孩子们有的拿出来假期生活计划表，一项项计划的落实，记录着假期里的自律；有的抱来厚厚一摞课外书，这是假期醉心阅读的见证；有孩子把自己画的画、练的字，一张张展示给大家；还有孩子展示家长对其写下的评价信，字字句句都是真实的记录，真切的鼓励……

第四，基于师生专长的原则。教学相长，相得益彰。开学第一课的开发，可以从师生本身挖掘利用课程资源。

聚焦学生资源。首先，教师应关注学生现有的兴趣和特长，来挖掘其可利用的资源来形成课程。五年级时，学生的兴趣、个性已经呈现出鲜明的特点，他们敏感羞怯却又渴望被关注，他们富有个性却又希望交流，需要自我展示的机会，来增强个人在班集体中的魅力。我就设计了专门展示学生专长的开学第一课——举办个人“微讲座”，由学生自选专题，自制PPT，进行五分钟左右的讲座。既有军事迷的学生所讲述的“武器的变迁”微讲座，也有痴迷户外运动的学生所做的“野外生存之我见”微讲座，更有热爱旅游的孩子与大家分享的“旅行家养成记”微讲座，从不同角度、不同内容来丰富学习生活。

挖掘教师资源。我是一个爱读书爱写作的老师，所以会经常和学生交流这方面的话题。2014 年 9 月的开学第一课，我鼓励孩子学会做梦，做美丽的文学梦。课堂上请他们写首“情诗”，为语文课写，为喜欢的一本书写，也可以给努力的自己写。孩子们在语文书的扉页纷纷写上美丽的诗句：“像蝴蝶飞过花丛，像山泉流过谷底，书，这颗美丽的种子，就这样扎根在我心里，我的梦想在书香里得到浸润，我的心灵在诗情里获得滋养……”一颗曾得到文字浸润的心灵是幸福的。在这样的开学第一课，带领学生初步体验学科的魅力，学生就会产生对学科的兴趣、乐趣和志趣。

第五，基于家校协作的原则。2018 年，我们的第一课又变成了“找家书”。开学前一天，我在班级微信群里发微信，邀请家长悄悄为孩子写下新学期寄语，并偷偷放在孩子书包的夹层里。因为我始终相信：家庭是孩子的第一所学校，孩子从父母身上习得技能，获得能量，从而有信心走向更远的远方。在新学期的开始，让孩子在充满仪式感的课堂上，读到来自父母的祝福，该有多么惊喜！当我请孩子们闭上眼睛，告诉他们神秘礼物撑着爱的翅膀，来到他们的书包里的时候，一双双眼睛倏地睁开了，一双双小手迅速翻找书包，一声声惊喜的尖叫声响起了，他们贪婪地吞噬着一张张薄纸上的文字，似乎那是世界上最甜的蜜。你知道吗？有孩子瞬间红了眼圈，有孩子开心大笑，都是因为爱的甜蜜。

三、未来：期待打造一间更辽阔的教室

我想说：作为教师，我希望自己首先成为发现问题，读懂学生，关注成长的引导者。我的开学第一课，作为教育研究的一个小小板块，如果说有变革有进步，一定是从研究儿童开始的，是从构建儿童课程开始的。用这样的方式，整合资源，努力让语文资源跨时空整合，让学生感受到生活中处处是语文，走出教室，走进自然也是在学习。而站在教室里的师生会发现，决定教室容量大小的，不是教室的空间和设施，而是师生的视野、智慧和气度。只要整合各种资源，给学生展示的舞台，教室就不仅是接受知识的场所，更是拥有无数成长故事、充满精神力量，温暖幸福无限延伸的场所。

王文霞　焦作市实验小学

中小学高级教师，中原名师，河南省优秀教师，河南省教育厅学术技术带头人，河南省教师教育专家，河南省名师，河南省优秀班主任，执教优质课曾获全国二等奖、省一等奖。

念好“四字诀”，让课堂提问更有效

作为教师，课堂是我们的主阵地，课堂提问是我们无法绕开的话题。如何借助高质量的课堂提问提升学生的语文核心素养呢？我们务必要念好精、径、境、经“四字诀”。

一、“精”字诀

在设计课堂提问时，我们要做到精心、精选、精巧。

（一）精心

我们要精心研究《义务教育语文课程标准（2011年版）》中的学段目标，了解单元语文要素在小学阶段中的前后联系，弄清语文要素在本单元中的推进序列，深入解读文本，结合学生实际情况，合理选择教学内容。

（二）精选

课堂提问不宜过多，要筛选出最有学习价值、指向语文学科核心素养、牵一发而动全身的问题，体现一课一得。

（三）精巧

课堂提问的表述要准确、简练，能激发学生探究的欲望，出现的时机要恰到好处。

如教学四年级上册习作单元课文《麻雀》时，单元语文要素是“了解作者是怎样把事情写清楚的”。“写清楚”是第二学段的习作要求，“如何把事情写清楚”是本课的教学重点。在教学时，课堂提问要围绕“写清楚”展开，鲜明清晰，不枝不蔓。把事情写清楚，首先要写清事情的起因、经过和结果。在初读课文、认识了生字新词后，我们可以设计这样的问题：“课文围绕老麻雀写了一件什么事？这件事的起因、经过和结果是怎样的？”在把握文章主要内容后，提问学生：“课文是如何写清楚老麻雀面对猎狗时的无所畏惧的？”引导学生品读分析语言文字，了解写清楚一件事就是要把看到的、听到的、想到的写下来。之后，出示本单元“初试身手”中的两幅图，“你能把其中一幅图上的内容讲清楚吗？”三个问题紧扣教学重点，精准施问，层层递进，由学到练，课堂教学简约而明快。

二、“径”字诀

好的课堂提问不仅要激发起学生探究的兴趣，还要“指出门径”，最终“形成路径”。

（一）指出门径

在进行提问时，我们要讲清学习方法，引导学生借助方法完成学习任务，如默读思考、边读边想象、勾画圈点、模仿尝试、画出思维导图等。教学四年级下册《猫》一课时，为达成“体会作家是如何表达对动物的感情的”这一教学目标，我们可以设置这样的问题：“请同学们默读课文，你从哪些地方能看出作者非常喜欢猫？圈画出相关语句，在旁边写写批注。然后读一读这些句子，读出作者的喜爱之情。”默读、圈画、写批注、朗读，教师在提问时如果明确指出了学习方法，学生学习时就有了“抓手”，不会茫然而不知所措。

（二）形成路径

在课堂理答时，我们要善于引导学生对学习方法进行提炼、总结、运用，帮助学生掌握方法，形成能力。如三年级上册第二单元的语文要素是“运用多种方法理解难懂的词语”，教学《铺满金色巴掌的水泥道》一课时，在帮助学生理解“多么明朗的天空”中“明朗”一词时，我根据学生的回答，适时提炼、归纳出拆分法、换近义词法、联系上下文法和联系生活实际法，如“你把词语先拆开理解，然后组合意思，拆分法是理解词语的好方法”“换近义词可以帮助我们理解词语的意思”“联系上下文有助于我们理解词语”“联系生活实际也是理解词语的好方法”。我分别鼓励发言的同学将以上方法写在黑板上。之后，让学生尝试运用这些方法理解“凌乱”的意思，学生积极尝试，发言精彩纷呈。接下来，我让学生继续练习用这些方法理解其他词语，在学习与运用中，学生理解词语的能力得以提升。在今后的阅读中，学生会自觉运用这些方法理解词语，因为他们已经找到了路径。

三、“境”字诀

课堂是师生的一个生命场，**教师要善于创设情境、营造环境，使学生的学习渐入佳境，实现一次又一次的成长。**

（一）创设情境

兴趣是最好的老师。我们要善于创设问题情境，或充满情趣，或具有挑战，或引发思考，或激发动力，带领学生兴趣盎然地开启学习之旅。如教学三年级上册《秋天的雨》一课时，我们可以让提问充满趣味：“同学们，秋天的雨是一位神奇的魔法师，它的魔法盒里有许多宝贝，能让大自然发生神奇的变化。快读读课文，看看秋天的雨有哪些宝贝，大自然发生了哪些变化。”我们还可以让提问具有挑战性：“同学们，课文从三个方面介绍了秋天的雨，谁能将三个方面全部找到，并且能挑选最感兴趣的一部分和大家交流？”我们也可以让问题引发思考，激发学习的动力，教学第二自然段时，引导学生反复诵读句子：“它把黄色给了银杏树，黄黄的叶子像一把把小扇子，扇哪扇哪，扇走了夏天的炎热。”之后，问学生：“秋天的雨还会把颜色分给谁？你能照样子说一说吗？我们比一比，看看哪位同学的语言最生动。”如此提问，学生就会被吸引、被激励、被鼓舞，乐于思考与探究。

（二）营造环境

在候答的过程中，我们要善于营造环境。当学生需要静心读书与思考时，我们就静静地观察，耐心地等待，营造安静的环境。偶有学生不专心时，我们可以用善意的眼神提醒他。学生需要帮助时，我们可以轻轻地走到他们身边并小声交流。学生需要合作交流时，我们要营造平等、热烈的氛围，不必在意学生的坐姿是否端正，不必刻意要求学生必须小声交谈，我们甚至可以加入其中。

（三）渐入佳境

好的理答能让学生渐入佳境。理答时，我们可以“煽风点火”，如说：“这一组的发言真精彩，其他组可要加油啊！”我们可以“推波助澜”，如问：“这句话只能这样理解吗？谁还有不同的看法？”我们还可以“无事生非”，如教学五年级上册《慈母情深》一课时，教师出示改写的句子“我的母亲背直起来了，转过身来了，褐色的口罩上方一对眼神疲惫的眼睛吃惊地望着我”。然后对学生说道：“这样改写多简洁，你们同意我的修改吗？”无论是“煽风点火”“推波助澜”，还是“无事生非”，目的只有一个，就是将课堂营造成学习的乐园、思维的乐园。

四、“经”字诀

课堂是师生共同成长的地方，**我们要善于经营，让学生真正经历学习的过程，实现教学相长。**

（一）善于经营

好的生活需要经营，好的课堂提问同样需要经营。如何设计、何时提问、候答多久、叫谁回答，我们要做到心中有数。怎样理答更需要教育智慧。对于学生自己能掌握的内容我们不必多花力气，对于疑难点、困惑处要重磅出击；何时引导，如何引导，要依据学情顺势而为，或启发，或点拨，或反问，或比较，或示范，或扩充，或拨正等；对于学生的发言要合理评价，要真诚而具体，要有针对性、指导性、激励性，要注重差异性、多元性。教师如果善于经营课堂提问，不仅自身的教学能力会提升，学生的成长也会清晰可见。

（二）真正经历

学生是学习的主体，是学习中主动的发现者、探索者，教师切忌越俎代庖。提出问题后，候答时间一定要给足，不能流于形式，保证学生有阅读、思考、完成任务的时间。叫答与理答时，对于出现的共性问题，我们要引导学生想办法解决，让学生经历探索的过程，培养学生自主、合作、探究的能力。如教学五年级上册《威尼斯的小艇》一课时，学习了课文之后，我请学生默读课后“阅读链接”中另外两个作家描写威尼斯的片段，然后思考三位作家的表达方法有什么相似之处。交流表达方法对于学生来说有难度，几分钟过后，举手的同学寥寥无几，回答时也是答非所问，只有一位同学结合本课所学内容，提到了“动静结合”的写法。“他说得对吗？请同学们再次阅读两个片段，有了结论后在小组内进行交流。交流时要做到有理有据，建议大家这次阅读时在书上圈画或写批注。”学生第二次阅读、小组讨论后，全班再次进行交流。这一次，学生不仅观点正确，而且能结合具体的语句谈论。“纸上得来终觉浅，绝知此事要躬行。”我们不能只停留在口头上，要落实于每一节课，引领每一位学生去践行。

课堂提问看似简单，实则不易。我们要念好精、径、境、经“四字诀”，将提问的每个环节做扎实，做出成效，这样，学生的语文素养提升就会看得见，摸得着。

刘冰　郸城县第二实验小学

中小学高级教师，中原名师，河南省特级教师，河南省名师，河南省教育厅学术技术带头人，河南省“百千万”工程小学数学学科带头人，河南省教师教育专家。

巧用教育机智，享受数学之美

教师的教育机智是教师在教育、教学过程中的一种特殊智慧力，是指教师能根据学生新的特别是意外的情况，迅速而正确地作出判断，随机应变地及时采取恰当而有效的教育措施解决问题的能力，是教师娴熟运用综合教育手段的能力，是教师良好的综合素质和修养的外在表现。“机变随物移，精妙贯术然。”机智应变的关键在于教育事项的变化，“随机应变”化消极因素为积极因素，促进教育教学有序发展。在课堂上，偶发事件是多种多样的，教师应变的策略也会有所不同。

一、自身失误的应变策略

课堂教学是一种极其复杂的创造性劳动，尽管教师课前认真准备，考虑再三，仍然难以避免出现一些教师意想不到的施教失误，比如口误、笔误、教法失误、教态失误等。

我记得在学习西师版五年级数学《2、5 倍数特征》这节知识时，当时上课我正在板书“能被 2、5 整除的数的特征”时写上：“各位上是 0、2、4、6、8 的数都能被 2 整除。”这个时候一名学生突然站起来说：“老师，你黑板上写错了一个字。”然后，我先是一惊，眼光迅速扫描了那行板书，原来由于笔误，我把“个”写成了“各”字，虽一字之差，意思可是千差万别。是随即改正一下呢，还是浓墨重彩地渲染一番呢？后来我一想，不如将错就错，欲擒故纵！于是，我说：“不会吧！”教室内突然像炸了锅一样，立即沸腾起来了：“不对，差多啦！……”而此时另一名同学急不可耐地站起来说：“我可以举例来证明！154 能被 2 整除，可是它各个数位上并不都是 0、2、4、 6、8 呀！”这时第三个学生更是随即走上讲台画了一个我们书上不常见的集合图，一边画还一边解说给大家听。“是啊，同学们说的都非常有道理，这个错误我应该改正。”我立即改成“个位上是 0、2、4、6、8 的数都能被 2 整除”。

就这样，我适时地做了回“糊涂先生”，没有以权威者的身份凌驾于学生之上，更没有摆出一副师道尊严的模样威吓学生，在师生共创的平等的气氛中，一切不符合常规的举动都变得那样坦荡与自然。教师对一个“各”字的处理，就激发了学生的学习热情，引导学生进入了自主学习的意境，掀起了课堂教学的小高潮，最后达到了教师所希望的效果。

二、学生质疑问难的应变策略

在课堂上，学生往往会突然提出一些教师意想不到的离奇古怪的问题。有些问题的提出，是因为学生未深入思考，确实不懂；有些问题的提出，则是学生在故意为难教师。这类突发事件虽然一般不具有破坏课堂纪律的性质，但处理不当则会打乱正常的教学秩序。**我们面对学生的质疑问难，一般可采取启发诱导、幽默反击、切磋讨论、旁敲侧击、延缓回答等应变策略。**

在学习“万以内笔算减法”时，当教学进入练习之前，我会留下一定时间让学生质疑问难。这时一个学生突然举起手来：“老师，多位数的减法，可不可以从高位减起？”这是大家都意想不到的问题，全班学生都向发问的同学投去了惊异的目光。面对学生提出质疑的问题，首先我让大家先猜一猜“从高位减起”是不是可行，当学生的意见不一、产生矛盾冲突时，再为学生提供三道计算题作为新的探索材料。接着耐心地等待大家的研究和探讨。在组织交流时，启发学生充分发表意见，其过程是循循善诱、步步到位，使学生经历了“猜想一论证一实践一结论”这样一个认知过程，体现了“最有价值的知识是关于方法的知识”。教学的最后，我又通过问题“课本上为什么选择了从个位减起”来小结，引导学生对两种方法进行比较，使学生认识到有些方法尽管是可行的，但由于操作烦琐，效率低下，一般是不可取的。这样的结果，既使学生认识到这段学习的收获和意义，又没有给质疑的同学留下一丝一毫的伤害痕迹。

质疑是探索新知的开始，许多重大的科学成果都是在质疑的引导下，通过创新思维最终实现的。牛顿从质疑“苹果为什么要落到地上”开始，最后发现了地球引力。质疑问难是少年儿童的天性，是孕育探索未知世界的摇篮，如果我们在教学中，能鼓励学生勤于思考、大胆提问、敢于怀疑，切实培养他们的创新思维，不久的将来，也许会出现更多的“牛顿”。

三、课堂问题行为的应变策略

课堂问题行为是指在课堂上所出现的、影响和干扰教学进程的行为，它既包括学生违反课堂纪律的行为，如迟到早退、做小动作、打瞌睡、吵闹、恶作剧等行为，又包括学生在学习过程中所出现的逆反心理、羞怯心理及对问题的错误理解和回答等行为。**对课堂问题行为，一般应采取的应变策略有：目光注视、身体逼近、短暂沉没、欲擒故纵、委婉评价等。**

在一次数学课上，我在讲授有关“年、月、日”的知识时，出示了一个问题情景“小华和奶奶今年过生日，小华已经过了10个生日，而奶奶只过了14个生日，这是怎么回事呢？”这时，有一个学生举手说：“因为奶奶的生日是闰年的2月29日，每四年过一个生日。”起初我心想，看来这节课又要被破坏了，因为这突如其来的回答打破了我原来的预设。不过，这时我满怀期待地问他：“你是怎么知道的？”学生很骄傲地说：“我在课外书上看过有关这方面的内容。”这时，我把他叫到讲台上对着全班学生说：“这个同学真能干，有那么多的知识。这节课就让我和这位同学，当你们学习的老师，我们一起来学习这节课的内容。”

在教学中，我们随时会碰到类似的情况，这个时候，我们不少教师往往是来个“高挂免战牌”，这也就算“机智”地应变过去了。而这次，我巧妙地应用了教育机智，把学生引入了新课，也使自己走出了困境，激发了学生的学习热情，同时也对那位学生做出了应有的赞赏，提高了他学习数学的积极性。

著名教育学家乌申斯基曾说过，缺乏教育机智，教师无论怎么研究教育理论，永远也不会成为实际工作上的好教师。教师教育艺术的核心是灵活应变的教育机智，课堂教学是一首流动的诗，随时都会有不确定的因素带来新的生成音符。灵动的教育机智，会奏出精彩的乐章；生硬的教育机智，则可能会弹出“杂音”乃至“噪音”。因此教师平常只有加强学习，善做课堂教学的“有心人”，持之以恒，才能够使自己对教育机智的运用达到炉火纯青的地步，使课堂充满生机和活力。

魏巍　新乡市第十中学

中小学正高级教师，“中原千人计划”领军人才，教育部“国培计划”专家库成员，中原名师，河南省教师教育专家，河南师范大学教材教法特聘教师、硕士研究生导师。

极简教学，课堂教学的文明生态

极简教学，主张在探究教学本质中建构尊重和促进学生个体生命自由舒展的课堂生态。极简，即简单到极致。它是一种呈现方式、一种设计理念，要求去形式、除繁缛，呈现事物的素朴与本真。

教学的本质是什么？教学的本质是教师“教”、学生“学”。无论运用怎样的课程理念和教学模式，这一本质是不变的，只是在“教什么”“怎样教”和“学什么”“怎样学”上有差异。教师与学生以课程为媒介，在“教”与“学”的互动中形成了相互依存、和谐共生的教学生态系统。

综观当下的课堂教学，学生自主自由的生长受到了制约，主要表现在以下方面。

1. 有“教”无“学”，师生地位与课堂作用不对等

在良性的教学生态中，教师与学生的教与学，应处于相对平等、平衡的和谐状态，这种状态表现在教学的各个环节，即准备、实施、评价的全过程。但现实中，有些教师在备课时，只思考教师“怎样教”，而忽视了学生“怎样学”的问题；在课堂评价时，多数教师只关注教师“教得怎样”，而忽视了学生“学得怎样”；在课程实施中，授课教师要求并期待学生“配合”其教学行为，教师完全主导课堂，成为课堂的主人，而本应处于主体地位的学生成了“配角”。

在这种只有教师“教”没有学生“学”的环境中，教学在成全着教师的角色表演，而促进学生生命成长的机能日渐萎缩，教学生态处于失衡的状态。

2. 有“学”无“习”，知识学习与实践体验不平衡

完整的“学习”应该分为两个阶段——学与习，“学”，即知识、技能的获取；“习”，即知识、技能的实践运用，从而将其内化为基本素养。因此，孔子说：“学而时习之，不亦说乎？”新课改提倡的知识与技能、过程与方法、情感态度与价值观的三维教学目标，也正契合了“学习”的本质过程，即探究知识、培养能力、引导正确价值观的形成。

从课程理念上讲，落实思政课教学目标，终极目的不是为了使学生掌握多少为人处世的道理，而是使之有情感提升、态度体悟、价值观的引领。因此，在三维目标中，知识的“学”是媒介和桥梁，是基础性目标，目的是通过“习”来实现高层目标，以指导学生的行为。当下存在的有知识的“学”而无情感体验和道德践行的“习”的课堂，使教学生态处于一种浅层运行的畸形状态。

3. 有“合”无“作”，活动探究有形式无意义

小组合作探究是让学生在交流中碰撞出智慧，在互助中借力成长。合作学习有效有序进行的前提是要有合作价值的议题，以及具有激励作用的考核机制，但目前许多课堂的合作学习流于形式，“为了合作而合作”。要么是议题过简或过难，缺乏探究的意义和必要性；要么是没有合作探究的保障评价制度，不能调动起合作的积极性，从而出现了有学生“合拢在一起”的活动形式，却没有“做起来”的实质行动。有形式、无意义的形式化课堂，让教学生态在表面“风光热闹”中偏离了育人方向。

极简教学，就是针对当下课堂教学中的上述问题，从教学理念、教学内容、教学方式等方面探究教学的本质，建构和谐文明的课堂教学生态。下面，仅以具体课例来阐明我对极简教学在操作层面的思考与探索。

1. 极简教学理念，建构基于生活的对话式课堂

新课程改革十余年来，课程理念在不断地丰富更新，但课程的核心任务始终未变，即立足于学生的实际，引导帮助其过积极健康的生活。因此，课堂教学要联系学生的生活，即其生存的社会现实生活以及成长的人际交往生活。**极简教学，主张教师能够从繁杂、多元的理念中抽离出来，立足课程核心，建构基于生活的对话式课堂。**例如《道德与法治》八年级上册第四课第一框《尊重他人》。“尊重他人”对于学生来说是一个非常熟悉的道德要求，但在生

活中存在着一些常见的价值误区与实践误区，如“我不在乎别人是否尊重我，只关注自己的想法”“他不尊重我，我也不尊重他”等。因此，在教学中，教师应针对这些误区来建立教学脉络，对话生活，给予学生认识与行为上的指导。本框的教学脉络可以由以下几个话题构成：什么是尊重？是不是所有人都应得到尊重？“他人不尊重我，我也不尊重他”的观点对吗？“不在乎别人的看法，只在乎自己的想法”会有怎样的后果？

通过以上对话，帮助学生明晰梳理出基本的认识：尊重是指尊敬、重视，现在更多的释义为态度与言行的平等相待，是个人修养的外在表现。每个人都是有尊严的个体，都希望受到尊重，所以，我们要尊重每一个人。是否尊重别人关乎个人的素质和修养，他人能否尊重我是其素质决定的，但我们自己要表现出良好的修养。社会与人际关系的和谐需要我们关注、尊重他人，平等待人。

这样的对话式课堂，从“尊重”的实质要求出发，对“生活”进行切片，通过“切片呈现”——“分析诊断”——“晰理引导”，将对话不断深入，逐渐澄清认识误区，实现行为指导与价值引领。

2. 极简教学内容，建构基于学情的主题化课堂

《道德与法治》七年级上册的第四单元《生命的思考》，包括三课六框，教学内容从生命的存在，到敬畏生命、珍爱生命，最后是生命的意义和价值，探讨了“生物体生命”“精神生命”以及“社会生命”。结合学情和课程标准，我将六个课时的内容整合为：生命的存在与传承和生命的意义与担当两个主题，仅用了两个课时便完成了主题探究与体验。

在课前，让学生分组分别查阅海德格尔的“向死而生”的内涵和搜集自然与人类的生动瞬间的图片。第一个课时，通过展示图片，让学生感知缤纷的生命存在之后，通过“生的永恒与死的启示”的探讨，引导学生正确理解“向死而生”的内涵与启示，珍爱生命、珍惜当下；而对“如何实现生命的永恒”的探究，使学生认识到精神与文化的传承对于生命接续的意义。第二个课时，围绕“生命的意义与担当”主题，借鉴心理学原理，组织学生进行“撕纸人生”的活动（将一张纸分成五份，分别写上自己认为生命中最重要的五样东西或人，逐一选择放弃；用一张纸代表自己的生命长度，计算生命中能够用于实现生命价值的时间长度，把不能算在内的生命时间逐一撕去），引导学生思考和体验“什么样的人生才是有意义的”“如何实现自己的生命价值”，

提高学生对生命的担当意识，追求人生的价值。

新课改明确提出了教师要从“教教材”转变为“用教材”，教材只是话题的提出者，教师要对教材进行二次创作，创造性、个性化地使用教材。**极简教学，就是针对目前教学中没有取舍、创造的“教教材”的现状，在充分了解学情、准确把握课程要求的基础上，通过整合，实现教学内容的“精”“准”，建构主题化教学，提高课堂的有效性。**

3. 极简教学方式，建构基于互助实践的体验式课堂

在课堂教学中，方式和手段是为内容和效果服务的，若只注重方式与手段的变化与多样，追求表面的热闹与花哨，就会走向华而不实的形式化，使课堂缺乏扎实与真实的教育效果。极简教学主张优化和简约教学手段，建构有意义、有价值、有效果的互助学习机制，强化学生的合作意识与实践体验。

《道德与法治》八年级上册第四单元《维护国家利益》，经过教材内容的整合，在第一课时指导学生了解“国家核心利益、国家总体安全观、国家发展”的内容，并在梳理三者相互关系的基础上，第二课时我只采用了一种常用的学习方式——分组辩论，引导学生对现实问题的关注与思考。

辩题有两个：①近年来我国特别重视国家安全问题，是因为我国不安全了吗？我国的安全形势究竟如何？正反方辩题：我国是（不）安全的。②国家利益与人民利益紧密相连，那么，国家利益与个人利益的关系是怎样的？哪一个更为重要？正反方辩题：国家利益（个人利益）更重要。辩论要求：①组长负责分工协调，推选主要辩手。②陈述的观点须是本组成员的共识。③要用具体事例佐证观点，做到有理有据。④尊重对方，注意倾听，以便进行有针对性的辩驳。同时，关于准备与辩论的时间、结果的评价与考核等做具体的要求和规定。

由于各环节要求具体明确，辩题紧扣社会现实与学生的认识实际，组织学生“为辩而合作”“为辨而思”“为辨而辩”，使学生在具体情境中进入角色，深入感悟和体验，在辩论中分析、鉴别事物，形成相关主题的正确认识，从而达成教学目标。

大道至简，通过简化理念、整合与重构教学内容、优化教学手段和策略，呈现教学的本真状态，建构健康文明的课堂生态，实现教师、学生、课程的和谐共生。

剧爱玲　唐河县基础教研室

中小学正高级教师，中原名师，“国培计划”专家库成员，河南省教育系统优秀教师，河南省教师教育专家，河南省优秀教研员，河南省级优质课教师。主持省市级教育课题6项并获奖，发表论文多篇。

用爱心调制思政“五味”课堂

思想政治课承担着培育新时代优秀公民的特殊使命，是落实立德树人的关键课程。初中阶段的思政课（道德与法治课）更具有其特殊性。我在长期的教学实践中，基于教材、学生、教师、课程等因素的思考，提出了新时代**初中思政课堂应该是具备观点味、生活味、探究味、尊重味、文化味的“五味课堂”**的教学主张，并身体力行，用爱心精心“调制”。现简要阐述我对这一教学主张的理解与行动，与各位同仁交流。

一、思想让课堂深刻，观点让课堂鲜活

思想性是初中思政课的首要特性。我觉得，思想味是思政课区别于其他学科课堂的最基本特征。初中思政课堂要有一定的理论深度，理论上既要让学生懂，又要使学生信服，体现思想的深刻性，是我的学科追求之一。当然，一堂有思想的课是需要有观点支撑的。一堂课中，观点需要教师在课堂上的强调和学生内心的强化。这是其他学科代替不了的。要用明确的知识表达思政课的观点，用鲜明的观点来支撑深刻的思想，达成对学生一节课的思想教育目标。我在讲授九年级上册《中国人　中国梦》一课时，根据教学目标，设计了千年寻梦、青春说梦、圆梦征程三个板块，引领学生与教材对话、与

时代对话、与自己对话，突破重点和难点，引领学生自觉将个人梦想与民族梦、国家梦相结合，明确该掌握的知识点、观点，并在此基础上对学生进行梦想精神和奋斗精神的教育。因而，课堂上教师和学生共享与祖国和时代共成长的教育愉悦和生命的拔节。我始终认为，政治教师要站稳社会主义讲坛，要把社会主义理论和党的阳光雨露悄无声息地注入学生的心田。

二、生活让课堂真实，探究让课堂精彩

理论联系实际是政治课的灵魂，思政课要有灵魂就要有生活的味道。课堂要立足实际，与社会生活和学生生活相联系，创设恰当的生活情境，让学生在情境中感受、分享、体验，课堂就会变得真实，看似冷面的观点就会变得鲜活。在讲授《爱在家人间》一课时，如果是在我们本地授课，我就会给同学们讲哲学家冯友兰的亲情故事；如果是在安阳汤阴研讨这节课，我就会选取与岳飞有关的素材，而且我还会不时地引入身边的榜样故事，也会用视频、图片、新闻报道等形式向同学们展现发生在他们身边的故事，让课堂与生活、与学生紧密联系，更接地气、更真实。

初中生尚未成年，心智发展还不成熟，看待问题有时比较片面，觉得非此即彼，极易走向极端。培养学生的辩证思维、科学精神是当前学科教师重要的教学任务。美国学者埃德加·戴尔的“学习金字塔”理论指出：“我听过的我会忘记，我看过的我会记得，我做过的我才会理解。”因此，在教学过程中，要充分调动学生的主观能动性，通过合作探究、互动讨论来促进问题的生成与解决，促进思维的快速发展。我在讲授八年级上册《关爱他人》一课时，设置了一个课本剧（扶起了别人倒地的自行车，却被车主人误解）表演，之后，分小组讨论，小组代表展示，探究的问题是：如果是你，你该怎么办？课堂上，学生精彩的角色扮演、激烈的讨论过程中，有观点的交锋和思维的碰撞，有从自行车风波联想到对社会上存在的看到老年人跌倒却不敢扶现象的剖析。同学们在老师的点拨中纠正了认识上的误区，并表示要付诸行动，课堂目标自然达成。课堂因探究而生成，因生成而精彩。

三、尊重让课堂和谐，文化让课堂厚重

尊重学生的生活体验、满足学生的需求，是新课程改革倡导的理念。一

堂好的思政课，课堂上应该洋溢着师生之间尊重与关怀的气息。**教师要多尊重学生的情感体验，多给学生点人文关怀，要用真诚、真心、真情打动学生，引领学生健康成长。**课堂气氛活跃，师生平等民主，其乐融融，用生命影响生命，洋溢着希望和激情，和谐的课堂有利于目标的自然达成。

多年来，我始终坚持微笑着开始新的一课，善用歌曲、幽默、诗词等精心营造温馨和谐的特色课堂。探索实施新授课“愉快教学法”，融知识性、科学性、趣味性于一体，充分调动学生的积极性，使相对枯燥的政治课变为学生主动学习的乐园。关注学生心灵，课堂上期待每一朵生命之花都精彩绽放。做一棵树去摇动另一棵树，做一朵云去推动另一朵云。

思政课，如果没有一定的文化含量，课堂就会显得单薄。**一堂好的思政课还应该飘散着浓郁的文化气息，要体现文化底蕴的厚重性。**我们可以通过引用一些经典名句、经典故事、历史背景知识、诗词歌赋等来赋予课堂文化元素。我国有 5000 多年文明史，历史上涌现出的许多杰出思想家，各地丰富的地方文化资源，当今科技文化发展方面的成就等，也都可以根据教学目标需要，拿来为我所用，借以增强课堂的厚重，让我们的课堂充满浓浓的文化味。文化味，既能增加课堂的厚度，更有利于思想的浸润。

日本教育家佐藤学在《静悄悄的革命》里主张建立一个润泽的教室。“润泽”一词润泽了多少师生的生命啊，思政课就是用生命影响生命的课堂。“热爱是最好的教师”，我将继续为之努力，让流淌着爱的“五味课堂”散发她独特的魅力！

冉明远　河南大学附属中学

中小学正高级教师，中原名师，教育部“国培计划”培训专家，河南省教师教育专家，河南省教育厅学术技术带头人，河南省基础教研室语文学科中心组成员，河南省中语会理事，西南大学、河南大学教育硕士研究生职业导师。

智慧课堂的艺术

所谓“智慧课堂”，是区别于“知识课堂”，依据知识建构理论，基于动态学习数据分析和“云 + 端”的应用，所构建的信息化、智能化的课堂教学模式，是大数据时代翻转课堂 2.0 发展的最新成果。智慧课堂的艺术是指教师在课堂上处理好知识与能力、思维与知识、科技与情感、手段和过程、技术与人的关系的艺术。

苏霍姆林斯基说：“人才只有靠人才去培养，能力只有靠能力去培养，才干只有靠才干去培养。”智慧课堂学生的智慧更要靠教师去开启，智慧课堂的达成技术仅仅是支撑，本质上却是教师艺术的体现。具有较高教育艺术的智慧型教师可以借助大数据时代技术的支持，实现良好教育的内在品质，呈现出教育的自由、和谐、开放和创造的状态，达到真正意义上尊重生命、关注个性、崇尚智慧、追求人生幸福的教育境界。智慧课堂的艺术具体表现为以下几个方面。

一、运用数据的艺术

数据分析是一种艺术。《义务教育数学课程标准(2011 年版)》首次提出“数据分析观念”，它是从《全日制义务教育数学课程标准（实验稿）》的“统计观念”演化而来的。统计的核心是数据分析。数据是信息的载体，它包括数字、言语、信号、图像，凡是能够承载事物信息的东西都可以构成数据，而统计学正是通过这些载体来提取信息进行分析的科学和艺术。

传统课堂主要依靠教师的个人教学经验对课堂上学生的学习行为进行判断和制定教学决策。而智慧课堂，在理念上，以知识建构教学理论为指导，依据知识建构理论设计课堂教学模式，按照知识建构的特点，围绕课前、课中、课后的教学闭环创设包括情景、协作、交流和意义构建的理想学习环境，实现智慧课堂的目标。比如，在语文教学中做整本书阅读教学和学习任务群的教学时，不仅便于活动的展开成果的分享，更方便运用数据信息，掌握学生的参与探究程度。在技术上，基于大数据的学习分析技术对教学过程中生成的海量数据，用现代化的分析工具和方法对数据进行加工、挖掘和分析，基于数据分析的教学决策区别于传统的教学评价模型和方法。数据的分析过程也是自动化的，并可根据需求实时反馈分析结果。比如，每次考试的分析不仅能考到学生的整体的得分、失分情况，还能反馈出解答某一题所花费的时间。

二、高效教学的艺术

有效教学理论认为：教学的有效性 = 教学内容总量 × 学生接受内容的百分数。利用现代信息技术打造智慧学习环境，用大数据构建高效课堂，大大提高了课堂教学效率，从而增强课堂教学的有效性。如通过情境感知、数据挖掘等方法可以提前预知学习者潜在的学习需求，在智慧课堂中学习者通过资源订阅和智能推送的方式第一时间获取最新的学习资源，实现了教与学的立体沟通与交流。课堂结构发生变革，因为技术足够简单与方便，教师能快速融入日常教学；随堂录制的微课，因为其足够“小”，足够方便，让微课的制作与应用实现常态化。根据学生学习行为大数据挖掘与分析来调整教学策略，用直观的数据了解学生对知识掌握的水平，在课堂教学中实现基于证据的教育新形态。

三、个性化学习的艺术

现代教育强调学生学习方式多样化，在实践中学习，促进学生在教师指导下主动地、富有个性地学习，让学习真正发生。传统的课堂更多地体现在学生与学生、学生与老师的同步性上，而智慧课堂则通过课前预习测评分析和课中随堂测验即时分析，准确把握每个学习者掌握知识的状况，实现对学生的个性化学习能力的评估，使教师对每一位学生的认知度更清晰，有针对性地制定教学方案和辅导策略，推送个性化的学习资料，制作针对一个人的“微课”，真正实现以学生为中心的、“一对一”的个性化教学服务。比如学生的兴趣点和兴奋点也不同，有的听觉比较好，有的看文字的速度比较快；有的形象思维比较好，有的逻辑思维比较好，有的历史空间感比较好，有的分析能力比较强。这样运用智慧课堂，可以让孩子选择最适合的途径达到学习的目的，并通过个人擅长的形式展示自己的学习效果，从而达到学习的个性化效果。

四、合作探究的艺术

依据知识构建的需要，智慧课堂中采取小组协商讨论、合作探究的学习方式，协作群组服务能够帮助有相同学习需求和兴趣的学习者自动形成学习共同体，就某个问题开展深入的互动交流，有利于实现对所学知识的意义建构。**在应用上，实现“云＋端”的教与学应用，采取“云＋端”的服务方式，部署智慧课堂的信息技术平台——智慧教室。**其主体由微云服务器、端应用工具、云平台等组成，通过教室内多种终端设备的无缝连接和智能化运用，打破了传统意义上教室的黑板、讲台和时空概念，具备动态学习数据的采集和即时分析功能，实现了教与学的立体沟通与交流，使传统课堂发生了结构性变革。并且智慧课堂更容易凸显学生的特长，比如有的孩子在诗歌鉴赏方面有特长，或者在作文方面有特长，可以做出他们自己独特的专题，并在第一时间与大家分享，这样在展示与交流中更能促进其特长的发挥，达到合作探究的效果。尤其是2020年疫情期间，线上教学更体现了这种优势，也为我们后疫情时代的网络学习、智慧课堂的进一步深入普及提供了契机。

五、动态开放的课堂艺术

“动态生成”是新课标提倡的一个重要理念。课堂本质上是一个动态开放的系统，随着互联网、移动互联等新兴信息技术在课堂教学中的应用，课堂系统超越了时空限制。智慧课堂不是忠实地、封闭地传递和接受知识，而是鼓励课堂创新与开放，鼓励生成，积极为学生激发创新、发展智慧提供有利条件。在途径上，采取全过程动态学习分析和智能推送，通过课前预习测评深化学情分析，优化教学设计，便于精准教学；通过课中随堂测验数据分析和即时反馈，改进教学策略，调整教学进程；通过课后作业数据分析和资源推送，实施针对性辅导，实现个性化的学习支持。比如，在语文的作文教学中，可以通过公众号或云平台与不同地区的学生共享交流，也可以各地的学生或者师生写同题作文，并能通过视频客户端连线作者分享其写作构思过程。再比如中学生进行项目学习时还可以通过在线链接大学的学术专家，以及家长等参与到学生的研究项目中等，这样更增加了课堂的动态生成，更实现了课堂的开放性。

六、教学机智的课堂艺术

课堂教学是千变万化的，再好的预设方案也不能预见课堂上可能出现的所有情况。智慧课堂要求教师有随机应变的能力，根据教学进程中出现的新情况，基于动态学习数据分析和即时反馈，采取机智行动，及时调整课前的教学设计，优化和改进课堂教学进程。教育智慧在教育教学实践中主要表现为教师对于教育教学工作的规律性把握、创造性驾驭和深刻洞悉、敏锐反应以及灵活机智应对的综合能力。在发展上，是大数据时代翻转课堂 2.0 发展的最新成果。翻转课堂的基本要义是基于教学视频的应用将传统教学流程颠倒过来，从“先教后学”转变为“先学后教”。大数据时代强调数据分析，基于大数据等信息技术的全面支持，从一般性观看视频转变为课前预习及测评分析，从“先学后教”转变为“以学定教”，从对课堂的控制转向基于数据的动态分析和教学机智，从而实现智慧课堂。

钱学森说：“人的智慧由两大部分组成：量智和性智，缺一不成智慧。”总之，基于“智慧教室”，实现课堂形式的变革；基于学习数据分析，实现精准教学设计；基于动态测评，实现教学机智；基于“微课”制作与推送，实现常态化应用；从而基于教育大数据汇聚，构建区域“智慧教育”。在各学科、各学校智慧课堂的基础上，采用新的信息处理技术，把教学过程、教学支持领域和教育管理中收集、感知到的海量信息，进行汇聚、存储和分析，有利于形成区域性的教育大数据，重构已有教育信息系统，实现智能汇聚、融合，为教育教学过程和管理决策提供“智慧”。

程黎　商丘市回民中学

中小学正高级教师，中原名师，河南省特级教师，河南省教师教育专家，河南省教育厅学术技术带头人，全国优秀中学地理教育工作者，全国中学地理教学专家委员会委员，河南省地理学会常务理事，河南大学硕士研究生导师，曾获全国中学地理优质课一等奖。

恰用教学媒体，创生灵动课堂

人民教育家于漪说，优秀是上课上出来的。课堂是教师的主阵地，教师只有在课堂上千锤百炼，才能够形成自己独特的教学风格，才能够让学生享受到优秀的教学艺术。**教学艺术汇聚了教师的一切素质，特别是教学个性（幽默、机智）和教学技能（讲授、提问、调控、活动、媒体运用、评价艺术）等。**正如罗素所说，教学艺术是熔铸着知识、智慧、人格的真实表演。

在近两年的听课活动中，我看到，传统“满堂讲”教学模式在逐步改变，“自主、合作、探究”成为课堂的精髓，一支粉笔“独秀”也逐渐走向了多媒体“百花齐放”，老师们更加注重教学细节艺术，演绎出一节节异彩纷呈的课堂教学。其中有两节课，却引发了我对教学媒体运用艺术的思考……

［课例一］市级公开课，一位50岁左右的老教师讲“自由落体运动”。这堂课上，老师按部就班地给学生灌输了“定义、特点、性质、公式和例题”，写满了一黑板，期间没有师生互动，没有实验，没有多媒体演示，到下课时间他还在滔滔不绝地讲。感觉：这节课学生听课状态不佳，听课老师也很疲惫。

［课例二］市级研讨课，一位近30岁的青年教师讲“大规模的海水运动”。课上，老师播放了关于“波浪”“海啸”和“洋流”的三段很长的视频，老

师没讲几句话，黑板上也没写一个字，播完视频，课也就结束了。课后，他说这节课是“视导课”。感觉：只有“视”没有“导”，没有互动、没有评价。学生说，看时很震撼，看后没记住。

这两节课，两位老师的教学风格和教学媒体运用手段截然不同，但教学中同样出现了问题：老教师“滔滔不绝”“写满黑板”的做法，没有体现学生的主体地位，没有调动学生学习的积极性，影响了学生的全面发展；青年教师“不讲”“无板书教学”，导致学生学习目标不明确，只看热闹情节，抓不住学习重点和难点，学习效率低。

那么，怎样才能恰当地运用教学媒体艺术，服务好课堂教学，创生出灵动、本真、自然、高效的课堂呢？我们就来认识和探讨一下教学媒体的类型、特点及运用功效。

一、教学媒体的类型与作用

在课堂教学中，教学媒体分传统教学媒体和现代教学媒体两种。传统教学媒体指教学活动中常用的粉笔、黑板、挂图、标本、模型实物等。现代教学媒体主要指运用声、光、电、磁等科学技术传递教学信息、以多媒体计算机为代表的教学设备。

（一）传统“三板”艺术的魅力

“三板”即课堂教学中的板书、板图、板画基本功，它是以黑板作为教学图文信息载体，用粉笔的写画来表现教学内容的常规教学手段，具有简便易行、反应迅速、经济实用、直观效果好等优点。在教学中，教师边讲边写边绘，恰当地运用“三板”艺术，可以完整地表达知识结构，可以揭示事物间的因果关系和发展变化过程，有助于学生思维能力的培养和对知识的理解记忆。另外，教师具有较强的“三板”教学基本功，可以赢得学生的尊重、敬仰和信任。

常用的“三板”艺术要求将纲目式、表格式、联系式、像形式等板书形式与板图板画有机结合，形成图文并茂、形象直观的综合式布局。

板书内容的详略，可视教学内容、学科特点和教师素养而定。一般来说，应做到突出重点、文约事丰；化实为虚、适当留白，给学生提供板演的机会，给学生留有思考的空间。在现代媒体教学设备较好的条件下，为了省时高效，板书可简约，板图板画也可由多媒体呈现。

（二）教学“演示”艺术的效能

主要类型有：实物标本演示、模型演示、挂图演示和实验演示等。对于现代信息技术条件薄弱、教室里没有配备计算机的学校，运用演示能够使课堂教学变得生动，能够丰富学生的感性经验，减少他们学习抽象知识的困难。

为使学生观察、学习更有效，教师在使用时应注意：①教师演示要与语言讲解相结合。②注重学生的思维和体验过程。演示与讲解有机结合，讲解与学生思维有机结合，这样才能更好地发挥教学演示艺术的效能。

（三）现代“多媒体”的关键用途

多媒体是指多个领域中媒体的有机结合。多媒体教学技术是以各种电教媒体为标志，以传统的教学媒体为基础的多种媒体有机结合的技术模式，是一种现代的教学手段。

1. 多媒体的关键用途

①声像并茂、创设情境，激发学生的学习兴趣。②直观演示、无限重复，突破教学重难点。③共享课件资源，节约空间和时间。④海量信息瞬间展示，丰富学生的想象，培养学生的创新思维。

2. 使用多媒体时的注意事项

①多媒体不能作为唯一的教学手段，应与传统教学方法有机结合。视频 + 板书，就容易使学生对知识留下“永久的记忆”。②不要过分注重形式。如果过分追求课件华丽和怪异的声音，学生注意力就会集中到课件上，而对所讲的内容印象不深刻。③信息量不宜过大，切换速度不宜过快。因为学生面对大量的信息，会应接不暇，抓不住重点，做不好笔记，导致思维被动，影响听课效果。④注意师生情感互动。教师在控制台操作，应把握好讲解的分量和学情的巡视，加强师生互动，使教学信息及时得到反馈。

多媒体教学是在传统教学基础上增加多媒体这一特殊工具的教学，因此，我们不能抛弃所有的传统教学手段，应根据教学内容和教学目标，合理选用教学媒体手段，可以用多媒体拓展知识，用板图理清思路；用多媒体直观呈现，用板书归纳整理；用多媒体展示作业，用板图解答疑难。只有正确处理好多媒体与粉笔、黑板、语言表达之间的关系，正确处理好多媒体与传统教学的时间关系，才能实现整个教学过程的最优化。

二、活用媒体手段，让教学充满灵动

学科的独特价值在于育人，在于学生的发展。陶行知先生曾提出，在课堂上要让学生的大脑、双眼、双手、嘴巴调动起来，学习空间，学习方式都灵活起来。那么，怎样巧用媒体手段，激发学生的灵性与活力，实现育人价值呢？我的主张是“自然·润泽”，在教学中潜移默化地对学生“润心、润知、润思、润行”，具体做法如下。

（一）“多媒体”营造情境，在问题讨论中“润心”

借助多媒体播放动画、视频、图片等材料，给学生提供真实情景，让学生在案例分析中，学会发现问题、分析问题和解决实际问题，形成正确的世界观、环境观和可持续发展的观念。如让学生观看本市内河水质状况相关视频或进行实地考察后，进行水质分析评价，讨论得出“水资源合理利用”的措施。

（二）“实物模型”演示，在观察归纳中“润知”

借助地球仪、模型、挂图等教具进行演示，让学生通过观察，得出结论，并配上板书，做到演示、讲解、板书有主有从，使学生获得对事物的全面认知和思维能力的提升。如“地球的运动（自转、公转）”。

（三）“迷你实验”求证，在探究分析中“润思”

通过小实验使学生对教学内容获得感性认识，引发学生对判断的质疑，培养学生的发散思维和综合思维，如“用塑料瓶和蜡烛模拟热力环流”“用肥皂块模拟岩石的风化”。

（四）“实地观测”拓展，在行动学习中“润行”

组织学生观察、调查、体验，借助环境资源，培养学生的观察观测能力、调查考察能力等，如开展“测正午太阳高度及小区楼间距”活动，培养学生学以致用和求真求实的科学态度。

教学是一门艺术，教学有法，教无定法。希望老师们根据学科的性质和特点，潜心研究，恰当地用好媒体手段，用智慧激活课堂，让课堂充满生机与灵动，促进师生的共同发展。

刘新选　河南师范大学附属中学教师发展中心主任

中小学正高级教师，国家“万人计划”教学名师，“中原千人计划”领军人才，教育部中小学领航名 师，中原名师，河南省教师教育专家，河南省新课程学科指导专家，河南最具影响力教师。

线下线上互补，混合学习增效

新冠肺炎来势猛，师生战“疫”学未停。肆虐的病毒一度挡住了师生出行的脚步，但挡不住师生教与学的热情。教师们纷纷把课堂从教室移步到空中，华丽转身当上了“主播”，成了“网红”，于是，教师使用装备硬件、学习软件的积极性空前高涨，用以致学，学以致用，从网课“小白”变为网络主播。正如英国语言学家柯里福所说：技术不能取代教师，但是使用技术的教师会取代不使用技术的教师。广大教师也不断化疫为机，研习信息技术，提升信息素养，迎接教学“云时代”的到来。

本文基于个人的实践与认识，就线上线下教学功能与策略，与同仁交流互鉴。

一、线下教学与线上教学的差异及根源

从表面上看，线下教学的主要特点为学生在固定的场所、规定的时间内，在老师的主导下，依照预设的教学内容来进行的。不少老师甚至利用电子白板、教学一体机等，把网络引入课堂，上起了“网课”，教室内弥散着信息化气息，一节常态好课就此生成。与此对应，由于大多教师的直播技术应用能力有待提升，加之学生的自学能力和自觉意识还达不到“网课”的要求，听课状态难以监控，以及其他因素，致使师生一时难以顺应，教学效果不佳在所难免。

其实，线下、线上授课是完全不同的两种教学方式，承载着不同的教学功能，“网课”并不是把线下课堂搬到线上。由此，试图让线上课堂与线下课堂产生同样的效果，就是找错了“移植”载体，网课效果不佳，也就不难理解了。

二、混合学习方式的缘由及功能

线下授课主要是以教室为基本活动场所，教师以同样的教学路径和时间进度，讲授同样的内容，覆盖面大，以时间为轴线推进，以满足工业化时代“大班额”教学需要，个性化教学难以实施，基础薄弱的学生被迫跟着教学进度，问题不能及时解决，长此以往，就会形成“瑞士奶酪式间隙”。而且，即使看似学习成绩相同的学生，但由于每个人的学习基础、思维方式不同等因素，听课效果也会不尽相同。若隐性的遗留问题不能及时解决，就会积重难返，“学困生”就此产生。当下的大规模线上教学是受突如其来的疫情影响，为保证“停课不停学”而采取的应急之策，聊胜于无。

那么，线上教学相较于线下授课，在功能上究竟有何不同？其实，对中小学来说，线上学习开始于高级课程，是因学校无法提供相关学科领域高素质教师讲授的课程，是适合学生在家自学的课程，是为补修学分的学生提供的重修课程，是为学生提供的大学先修课程，就是大学率先流行的“慕课”，是为每一个学习者设计的个性化学习路径，是以学生掌握程度为轴线而推进的，也就是以“掌握学习”为前提，因人、分层递进，每个学生都可以根据自身学习情况，在时间和空间上自主掌控。与之相对应，线下教学常常是以时间为轴线，大班化整体推进，统一内容，统一进程。很多学校对线上教学进行了问卷调查，有的说直播好，有的说录播好，有的说点播好……如果教师占满时间，只是由“人灌”变“机灌”，再到“网灌”，师生没有现场感，“网灌”反而不如“人灌”！归根结底，基于“掌握学习”的线上学习和基于时间推进的线下学习的各自功能要区分清楚，两者是一种互补关系。

混合学习是学生在传统实体学校学习的同时，又在线上进行个性化学习的一种学习方式。一方面，如前所述，因学生学习基础、知识背景、思维方式等种种差异，需要在集中授课的同时，为学生提供个性化、可调控的学习内容和时空，以弥补各种差异而造成的影响。另一方面，事实上，仍有一部分学生只有在成人的监督下才能完成作业，而且，教学的目的是育人，而育人需要学生参与集体活动、过集体生活，这样才能引导学生学会与他人交往、与自然交融。因此，线上学习不会取代实体学校。所以，线上学习需要与实体学校融合，混合式学习便应运而生。正如当下线上零售商与线下实体店的结合一样，其优势在于：个性化、低成本、高效益。

三、混合学习教学支架及策略

事实上，只有当学生可以自主控制线上学习的时间、地点和进度时，与实体学校融合起来，才属于混合学习。否则，即使老师在教室运用电子白板进行网络授课，若控制权在教师，那也只是在一个网络环境里进行接受式学习，只是换了一种知识的呈现方式而已，仍然是传统意义上的课堂教学。

在我国，“混合学习”之所以受到青睐，除了它混合了两种学习方式，还缘于现代信息技术的升级，以及人们对以理解为导向的“深度学习”从概念、过程到结果的探索使然。深度学习强调批判的理解、知识的建构、问题的解决、思维的发展。只要我们紧紧抓住“学”这个中心，通过开设线上学习社区和学科专用房间，如 CCtalk、钉钉、腾讯课堂等，进行目标导学、支架助学、练习测学。然后，利用线下实体教室，多元互学、点拨悟学、拓展固学等要素的有效组合，双线互补，人机结合，就会让“深度学习”真正发生。

如在学习“匀减速直线运动”时，让学生通过线上查阅、观看一些交通事故的影像，增加感性认识，然后，将原始物理问题通过建模转化为匀减速直线运动，给出最高行驶速度、刹车痕迹长度、动摩擦因数等物理量，让学生判断该车辆是否超速等，利用线上学习自行解决。回到线下，引导学生结合生活经验，结合交通法规，思考为了自身安全，驾驶员在行驶中应注意什么，学生不仅能加深所学知识的理解，而且对于“三禁”（禁超速、禁超载、禁酒驾）会有更深的理解。“翻转课堂”就是当下比较盛行的混合式学习模式之一，因为它同时具备线下线上两种学习方式，且并行不悖，优势互补。当然，支撑课堂“翻转”的不仅是微课，也可以是“导学案”“码书”等，其目的是以学生的需求为前提，定制差异化菜单，为学生的个性化学习提供线上线下选择的空间。

总之，以掌握学习为原则，以线上线下混合学习为手段，优势互补，相互促进，乃信息化时代个性、便捷、高效学习之方向。

王海东　漯河高中党委书记、校长

正高级教师，特级教师，首届中原名师，河南省优秀专家，改革开放40年河南基础教育十大突出贡献人物，河南省十大最具影响力校长。出版专著18本，发表论文50余篇。

“三维六元”卓越学本课堂教学评价

漯河高中“三维六元”卓越学本课堂的基本理念是卓越，关键词是问题导学、思维建构、个性发展，意在筑基问题导学，创建学本课堂，实现卓越发展。**“三维”即过程、工具、课型。过程的内容包括结构预习、对话探究、回归评价**（即“导学案”，简称“一案”），**工具的内容包括问题生成评价单、问题解决评价单、问题拓展评价单**（简称“三单”，“三单”既是问题单，又是问题生成、解决、拓展过程的评价单），**课型的内容包括问题发现生成课、问题展示解决课、问题拓展提升课**（简称“三课”）。**“六元”指学生学习过程中自学、合学、探学、展学、评学、拓学的六种元素。“三维六元”卓越学本课堂最终实现培养“卓越型”的领军人才的教学目标。**如下图所示：

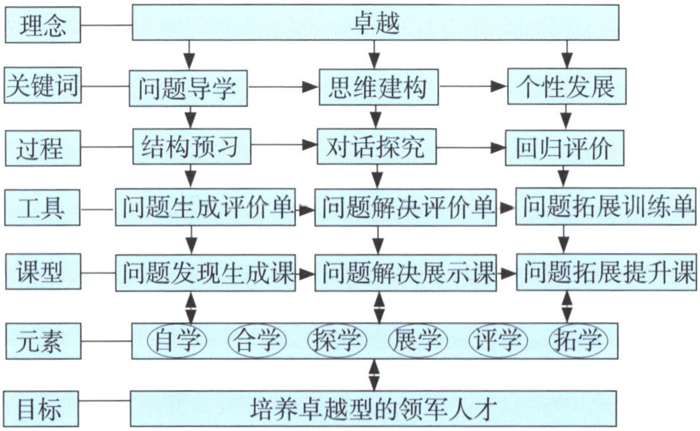

这种课堂教学的特色可以概括为“教学有效，课堂高效”。此模式下，“问题导学”是基础，“学本课堂”是根本，“卓越发展”是目标。它实现了由“教”的课堂向“学”的课堂转变；实现了教师由“教知识”走向智慧指导学习，由强调自我、张扬个性、勤奋讲授走向收敛个性、智慧指导；实现了学生由被动等待学习走向主动展示学习，逐步学会自主合作探究学习，学生的学习能力、评价能力、管理能力与日俱增。用一个“口诀”概括如下：

学本课堂涵三段，学导结合是红线。

学生自主是基础，教师点拨是关键。

课堂把握六字诀：学议探、展点练。

“三维六元”卓越学本课堂，盘活和创新学生有效学习评价机制，依据“一案三单”上好“三种课型”，健全个人“五级”评价（自我评价、同伴评价、学科长评价、小组长评价、学术助理评价）机制；建立“星级班集体”“星级小组”“星级宿舍”和“学习之星”“学习达人”奖励机制；建立健全学生长效评价体系，从自主管理、行为规范、有效课堂、修身工程、社团活动、社会实践、研究性学习、学业成绩等多方面综合评价学生的发展力；建立健全学生成长档案评价机制，公平公正正确正当地评价每一个学生；建立课堂学习阳光晋级机制，时时激发学生成就非凡的美好愿景，提高学生参与课堂学习的积极性。

实践中，**教师课前精心编制“一案”，师生课中有序使用“三单”，教师课后及时重组“问题”，在学习过程中始终贯穿学、议、探、展、点、练六种能力的评价。**

（一）有效研课，编制“一案”

教师要在课前编制“一案”，即“课堂问题导学案”。“一案”的编写过程包括三个阶段：一是研究教材，个人初编；二是合作研究、集思广益，既要编教师怎样教，更要编学生怎么学，还要编怎么考与练；三是集体修改导学案，在创新落实上下功夫。

“一案”要求将编写内容分为课前、课中、课后三部分呈现，使用时，教师将“一案”按照问题发现生成课、问题展示解决课、问题拓展提升课三种课型分别简化出导读学案、导解学案、导拓学案，教师使用的是完整版，学生使用的是简化版。简化版提前一天发给学生，把三维目标、技巧方法、重难点等展示给学生，给学生提供必要的指导。

（二）有序使用，重组“三单”

“一案”的编写使用确立了学生合作学习的整体骨架，要使课堂真正生动鲜活，还必须借助“三单”的血肉植入、有序使用和及时重组。

“三单”即在问题发现生成课上以导读学案为工具，由学生自主预习、合作发现、共同生成的“问题发现生成评价单”；在问题展示解决课上以导解学案和“问题发现生成评价单”为工具，由学生在课堂上分析探究、展示交流、共同解决的“问题展示解决评价单”；和在问题拓展提升课上以导拓学案和“问题展示解决评价单”为工具，由学生在课堂借助此单学会总结规律和方法、提升思维能力的“问题拓展训练评价单”。

“一案三单”都不是一成不变的，而是必须具备生成能力的升华条件的。“三单”也不是简单的习题集，其要求的是知识间的必然联系，即知识问题化、问题层次化、层次梯度化、梯度渐进化。“一案三单”重点在“导”，核心是“学”，最终目标是促进学生卓越发展。

以“三单”式课堂评价为基础，“三维六元”卓越学本课堂教学评价以“三课”的课后评价为起点，持续性追踪每节课，阶段性追踪各项测试成绩，周期性追踪综合实践评分，为每一位学生建立横向、纵向对比数据档案，在此基础上生成自我评价、班级评价、学校评价、家庭评价、社会评价五项数据，应用信息技术手段对数据进行提取、整理、管理，再加以比对，逐渐形成了一套成熟的在线评价体系，对学生未来的可持续发展提供数据指导，真正达到“以评促教、以评促学”的目的，培养出德才兼备、具有卓越能力的自主创新人才。如下图所示：

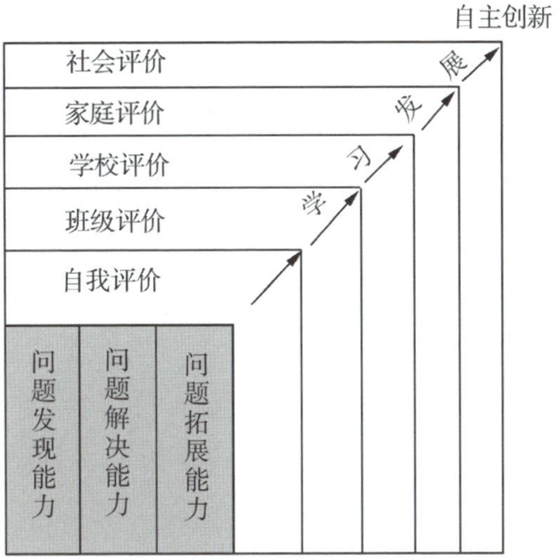

评价解读：①问题发现能力评价——考查学生自主发现生成问题的能力；②问题解决能力评价——考查学生通过多种途径解决问题掌握知识的能力；③问题拓展能力评价——考查学生综合发展、实践应用的能力。在三种指标横向比较的基础上，纵向对个人、班级、学校、家庭、社会五个层次进行比较，最后得到科学的评价依据。

以“三维六元”卓越学本课堂教学评价为指导，我们确立了一节“好”课的标准，它由八个方面共 18 项指标组成。①教学目标好：教学目标包括知识目标、能力目标、德育目标。②教学准备好：备课精细、设计巧妙。③教学过程好：主导启发、主体创造。④师生关系好：新颖有趣、活泼和谐。⑤教学形象好：体态儒雅、语势有力、言语精美。⑥教学辅助好：科学规范、服务中心。⑦教学效果好：体验主线、思维主攻。⑧教学反思好：提炼经验、总结教训。

1. 教学目标好：知能并重花开并蒂，融注品德三位一体

一堂好课的标准首先便是知、能、德三位一体的教学目标确立得好。这样的课堂开始便是教师对教材内容的深入了解和准确把握，并在此基础上确定好教学目标，将知识目标和能力目标有效地结合起来，变传统的注入式教学为知能并重。知识和能力的培养，也应以建设国家为最终价值的实现。正所谓“百年大计，教育为本”，在学科教学中融入品德教育，逐步培养学生“建

设天下，舍我其谁”的远大理想，是一节课不可或缺的德育目标。

2. 教学准备好：胸中造化迢递展现，饶有兴趣巧妙设计

苏轼说：“博观而约取，厚积而薄发。”一堂好课，必然要经过精心的准备、广泛的积储和深入的研究。一是备课内容精而细，不惜花费较多时间查找资料；二是教学环节设计巧而妙，不惜花费较多时间思考推敲。只有授课者先在心里“动”，才能继而让听课者“动”在心里。

3. 教学过程好：主导启发序、量、适度，主体创造与、思、富意

教学过程，是指教师的主导作用和学生的主体作用在整个教学步骤当中交叉、渗透、互补、共融的过程。具体说来，教师的主导作用就是要有良好的序——教学程序、课堂结构等，足够的量——教学容量、课堂延伸量等，适当的度——深难度、掌握知识的程度等。学生的主体作用就是要有积极的参与、主动的思考、丰富的情意。说到底，教师的主导作用就是启发“调动”，学生的主体作用就是创造“脑动”。

一堂“好课”，教师既要善设疑点，又能当堂解疑，甚至要“于不疑处有疑”(北宋·张载)。学生则让自己的思维在课堂上发生碰撞、沟通。正如列夫·托尔斯泰所说：“知识，只有当它靠积极的思维得来而不是凭记忆得来的时候，才是真正的知识。”这既符合学生的认知心理特征，又实现了学生的自主性、教师的引导性，整节课和谐、活跃、妙趣横生。那么，实际可从以下几方面去操作：

（1）课堂提问一波三折。问题环环相扣，能够引导学生做多层面的分析，自然达到训练思维的目的。

（2）善于设计当堂小练。实践证明，这样最易调动学生的积极性，让课堂成为以学生为主体的“活动室”。

（3）讨论辩论不拘一格。在学生的思维做了自由的“游泳”之后，教师随即提出一个辩论题，然后让学生当堂结合实例(最好是自己的例子)展开辩论，教师进行相机点评总结，最后师生双方共同“盖棺定论”。

4. 师生关系好：审美为媒新、趣、活、谐，华英缤纷不尽会意

说到变各学科课堂为审美教育的课堂，这一点绝对是积极的尝试。一堂“好

课”绝少不了鉴赏领会。课堂上的最佳媒介就是审美。借助审美，探其新，激其趣，促其活，不尽妙意，淋漓尽致，最易调动学生的情感力量。而情感，无疑是课堂良好收效的催化剂。如此，每个学生在课堂中那种起初神秘的主体自由状态，诸如灵感、胸襟、冲动、沉醉、顿悟、欣遇……都会一跃而起，华英缤纷，是谓“谐”。这样的课堂最终让学生获取最大的收益，而教师，也会尽揽风采，畅快于心。

这种和谐关系如下图所示：

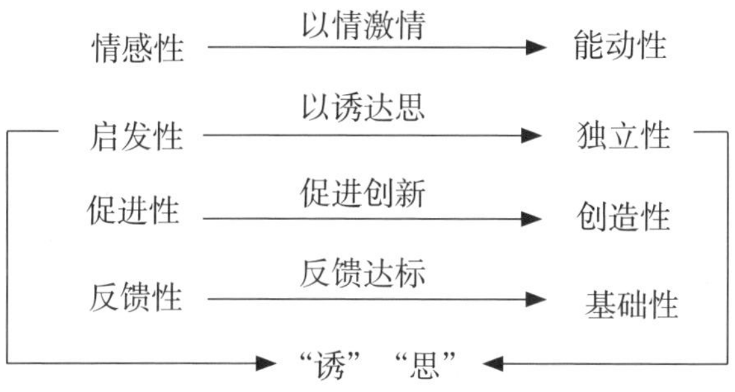

“诱思教学·思想论”

当然，达到这种和谐的状态需要教师付出实实在在的劳动：①善于总结方法。②善于找出规律。③善于创设情境。④善于制造插曲。

5. 教学形象好：态、势、语言烘云托月，儒雅有力彰显主题

无论什么样的课堂，其教学目标的实现，都是通过展示的手段来进行的。故一堂好课不可避免良好的教学形象问题。好的教学形象应该包括教师的体态、气势、语言和板书等形式。一堂好课必然是经过为师者心灵活动与体态、气势、语言组织、板书展现等的相互适应、相互改善然后才循序渐进的。教师要在教学过程中通过好的教学形象逐渐形成自己独特的教学风格。具体为：①课前导入精彩纷呈。②体态语言儒雅适度。③板书设计新颖别致。④讲解语言有力生动。

6. 教学辅助好：科学规范灵活全面，以简驭繁中心第一

陶行知先生早就提出，要进行六大解放把学生学习的基本自由还给学生。这里的“基本自由”便是学生学习的“趣味”所在。运用信息技术的辅助手段，

可以至少解放学生的四种“基本自由”：头脑、眼睛、嘴、时间。信息技术具有化空虚为充实、化抽象为具体、化远物为近景、化模糊为清晰、化静态为动态、化片面为丰富、化被动为主动等特点。在课堂中，教师充分利用信息技术的每一个细节生趣，无疑可以让学生精力集中如一，葆有学习兴趣，从而事半功倍地取得学习效果。

信息技术辅助教学还有一个鲜明的特点就是，节省教学环节、及时更新所学。如其对板书时间、资料印刷、操作步骤的节省，对教学手段、教学方法、教学内容的更新。当然，信息技术辅助教学要符合“四性”（目的性、必要性、科学性、多样性），以突出教学中心为第一要素，始终让教学中心带动信息技术手段的运用。

7. 教学效果好：七动动脑动手动眼，动情动口动耳动笔

“七动”即动脑思、动手做、动眼看、动情读、动口议、动耳听、动笔写。以体验为红线，以思维为主攻。实现“七动”，其实就是让学生“能自为研索、自求解决”。

需要说明的是，为了把“学生为主体，教师为主导”落到实处，学习过程必须以全面体验为红线。30多年的改革实践和理论探索表明：思、做、看、读、议、听、写，这些虽然都是全面体验中不可缺少的组成部分，但绝没有先后之分，绝不能被生硬地确定为学习过程中某一僵化的环节。在探索、研究和运用的任何一个层次中，根据学习需要，都可以随时安排任何一种体验形式。诱导思维总是要贯穿于教学的整个认识过程之中，成为体验的主攻方向。

8. 教学反思好：提炼经验推广切实，总结教训改进增值

课堂教学不可避免地存在千差万别的个体性，需要我们因材施教，精益求精，对经验教训及时反思。具体说来，应包括：

（1）理论价值的反思。即通过总结将课堂教学提炼为具有科学性、综合性、示范性、适应性的推广课。

（2）应用价值的反思。即在总结的基础上反思课程的广泛针对性、基础性、实用性。

（3）能力价值的反思。即反思一节课在知识系统中的伸缩性、条件性、

层次性、创造性。

"三维六元"卓越学本课堂教学评价，不仅解放了学生，成就了个性发展；同时解放了教师，成就了专业发展。广大教师既尊重差异，让学生学会、会学；又各有特色，让学生好学、乐学。教师除了获得本身专业知识的完善提升外，更获得了人生的体验、生命的张扬。从讲书者到教书匠再到教育家的转变过程，既是专业的成长，又是人生的历练，更是教育的真谛。教师在专业成长过程中，体验到成长的快乐、人生的幸福。教师的角色在专业发展过程中得到了更加科学有效的定位，教师的导师作用尤为突出，由教导者变成了学习者、参与者、激励者，由主导者变为引导者、启发者、诱导者、促进者、合作者，由主演者变成了导演者、策划者，由领导者变成了服务者、协作者。师生则由对立者、对应者变成了学习共同体、共同学习者，由答案的拥有者变成了答案的探究者、完善者、提高者。学校通过这一模式找到了教师专业化发展之路，打造出了一支人格完善、学识渊博、业务精湛、业绩超群、学生喜欢、社会敬重、幸福快乐的卓越教师名师队伍。每一名学生作为学习个体也逐步走上了从无我（"填鸭式"传统学习）——自我（"发现式"有效教学）——你我（探究式"有效学习"）——超我（激励式"有效学习"）的"卓越"发展之路。